\おいしい！/
野菜のレシピ帳

365日の
サラダ

はじめに

サラダは健康や美容にいいから、
できるだけ毎日食べたい！

でも、いざ作ってみると、
ドレッシングや野菜がワンパターンだったり、
野菜がビチャビチャになってしまったり、
ドレッシングの味がイマイチ決まらなかったり……、
「う～ん」と悩んでしまうこと、ありませんか？

本当は、サラダってとっても簡単！
ちょっとしたコツで、味や仕上がりが
グ～ンとアップします。

もちろん、特別な道具も技術も必要ありません。
コツが分かれば、モチベーションも上がって、
キッチンに立つのもワクワクしちゃうはず。

本書では、サラダ作りがもっと気軽に楽しめるように
少ない材料で作れるサラダや5分で作れるサラダ、
忙しいときに助かる作りおきサラダ、
デパ地下で見かける人気のサラダまで、
幅広いラインナップでご紹介します。
その日の気分やシチュエーションに合わせて
ぜひ、365日楽しんで作ってみてください！

Contents

◎=アレンジレシピ

はじめに 2
毎日のサラダ作りがもっと楽しくなるヒント 12
本書の見方&使い方 16

part 1 おなじみの野菜を使って! 素材別サラダ

●キャベツ
キャベツと蒸し鶏の山椒風味サラダ 19
キャベツとパプリカの山椒風味サラダ 19
キャベツの塩昆布サラダ 20
◎キャベツのエスニック風塩昆布サラダ 20
キャベツとゆで卵のサラダ 21
くし形キャベツとハムのサラダ 21

●玉ねぎ
玉ねぎの梅あえ 23
◎玉ねぎのザーサイあえ 23
玉ねぎのステーキ風サラダ 24
玉ねぎとパプリカのマリネ 24
◎玉ねぎとにんじんのマリネ 24
まるごと玉ねぎの和風サラダ 25

●じゃがいも
じゃがいもとえびのオーロラサラダ 27
◎じゃがいもとブロッコリーのオーロラサラダ 27
千切りじゃがいもとかに風味かまぼこのサラダ 28
◎千切りじゃがいもとハムのサラダ 28
じゃがいものグリルサラダ 29
じゃがいものドイツ風サラダ 29

●グリーンアスパラガス
アスパラガスとハムのサラダ 31
アスパラガスのレモンサラダ 31
◎アスパラガスとしらすのレモンサラダ 31
アスパラガスのツナマヨサラダ 32
◎アスパラガスとうずらの卵のマヨサラダ 32
グリルアスパラガスの目玉焼きのせサラダ 33

●セロリ
セロリと蒸し鶏のサラダ 35
◎セロリとちくわのサラダ 35
セロリのレモン浅漬けサラダ 36
セロリのピリ辛マヨサラダ 36
◎セロリのごまみそサラダ 36
セロリボートのタルタルえびサラダ 37

●トマト・ミニトマト
ミニトマトのハニーマリネ 39
トマトのシンプルサラダ 39
◎ミニトマトのシンプルサラダ 39
かにサラダのトマトカップ 40
トマトの山かけサラダ 41
◎トマトのもずく酢サラダ 41

●きゅうり
きゅうりのキムチサラダ 43

たたききゅうりのねぎサラダ 43
◎たたききゅうりのたらこサラダ 43
きゅうりとわかめのしょうが酢サラダ 44
◎きゅうり、わかめ、じゃこのしょうが酢サラダ 44
きゅうり、サーモン、アボカドのロミロミ風サラダ 45

● ゴーヤ
ゴーヤとコーンのサラダ 47
◎ゴーヤとツナのサラダ 47
ゴーヤと大豆もやしのキムチサラダ 48
ゴーヤのフリットサラダ 49
◎ゴーヤのベトナム風サラダ 49

● なす
なすの肉みそサラダ 51
なすの塩もみサラダ 52
なすのリャンバン 52
◎なすのポン酢サラダ 52
揚げなすのトマトサラダ 53
◎揚げなすのおろしサラダ 53

● かぼちゃ
かぼちゃのごまポン酢サラダ 59
かぼちゃのヨーグルトサラダ 59
◎かぼちゃのクリームチーズサラダ 59
かぼちゃとえびのマリネサラダ 60
◎かぼちゃとえびのカレーマリネサラダ 60
揚げかぼちゃのサラダ 61

● ズッキーニ
ズッキーニのグリルサラダ 63
ズッキーニとセロリのソムタム風サラダ 64
◎ズッキーニとにんじんのソムタム風サラダ 64
ズッキーニとさきいかのサラダ 65
◎ズッキーニディップ 65

● ピーマン・パプリカ
ピーマンとパプリカの春雨サラダ 67
パプリカのマーマレードマリネ 68
◎パプリカのはちみつチーズマリネ 68
ピーマンの焼き浸しサラダ 69
パプリカとツナのスイートチリサラダ 69
◎パプリカと厚揚げのスイートチリサラダ 69

● さやいんげん
さやいんげんのカレー風味サラダ 71
さやいんげんとカリカリベーコンのサラダ 71
◎さやいんげんとカリカリじゃこのサラダ 71
さやいんげんの鮭マヨサラダ 72
◎さやいんげんのかにマヨサラダ 72
さやいんげんのアーモンドバターサラダ 73

● オクラ
オクラとチーズのおかかあえ 75
◎オクラとチーズの梅おかかあえ 75
オクラのねぎだれサラダ 76
オクラのわさびマヨサラダ 76
◎オクラの七味マヨサラダ 76
ささ身の梅オクラだれサラダ 77

● 枝豆
枝豆と鮭のパセリサラダ 79
◎枝豆とツナのパセリサラダ 79
枝豆とたくあんのサラダ 80
◎枝豆としば漬けのサラダ 80
枝豆とミニトマトのチーズサラダ 81

5

枝豆のまるごとお浸しサラダ 81

● レタス
BLTサラダ 83
ちぎりレタスの韓国風サラダ 84
ゆでレタスの塩昆布サラダ 84
◎ ゆでレタスのごまみそサラダ 84
レタス、油揚げ、しらすのサラダ 85
◎ レタスとカマンベールのサラダ 85

● サニーレタス・グリーンリーフ
ミックスレタスの
ガーリックトーストサラダ 87
◎ ミックスレタスのフライドオニオンサラダ 87
サニーレタスとサーモンのサラダ 88
サニーレタスのカリカリじゃこサラダ 88
グリーンリーフとトマトのツナマヨサラダ 89
◎ グリーンリーフとトマトのツナオーロラサラダ 89

● ベビーリーフ
ベビーリーフのオープンオムレツサラダ 91

ベビーリーフとりんごのサラダ 92
◎ ベビーリーフと温泉卵のサラダ 92
ベビーリーフとはんぺんのサラダ 93
ベビーリーフのハム巻きサラダ 93

● かぶ
かぶのカルパッチョ 99
◎ かぶのにんにくナムル 99
かぶのコチュジャンナムル 99
かぶとかに風味かまぼこのポン酢サラダ 100
◎ かぶとハムのポン酢サラダ 100
かぶとベーコンのホットサラダ 101

● さつまいも
さつまいもとソーセージの
ヨーグルトサラダ 103
さつまいものチーズドレッシングサラダ 104
さつまいものみそパセリサラダ 104
◎ さつまいものピーナッツバターサラダ 104
さつまいもときゅうりのごまサラダ 105
◎ さつまいもと貝割れ大根のごまサラダ 105

● 里いも
里いもの青ねぎみそサラダ 107
里いもと桜えびのサラダ 107
◎ 里いもときゅうりのサラダ 107
里いもと生ハムのマリネ 108
里いものから揚げサラダ 109
◎ 里いものカレーから揚げサラダ 109

● 長いも
まぐろとわかめのとろろ酢サラダ 111
◎ まぐろとわかめのとろろ酢卵黄サラダ 111
長いもとオクラの梅サラダ 112
◎ 長いもとオクラのサラダ 冷ややっこのせ 112
長いもの明太サラダ 113

● きのこ
3種のきのこのホットサラダ 115
しめじのピクルス 116
焼きしいたけのにんじんおろしあえ 116
◎ 焼きしいたけの大根おろしあえ 116

6

● マッシュルーム
◎マッシュルームとセロリのサラダ 117
◎マッシュルームとアボカドのサラダ 117

● にんじん
リボンキャロットのみそマヨサラダ 119
◎リボンキャロットとくるみのみそマヨサラダ 119
おろしにんじんのショートパスタサラダ 120
ベトナム風なますサラダ 120
◎和風なますサラダ 120
にんじんグラッセのパセリサラダ 121

● 大根
塩もみ大根のサラダ 123
大根と帆立てのサラダ 124
◎大根とハムのサラダ 124
大根のソムタム風サラダ 125
大根とサーモンのピンチョス 125
◎大根と生ハムのピンチョス 125

● ごぼう
ごぼうのきんぴらサラダ 127
◎ごぼうの中華風きんぴらサラダ 127
揚げごぼうのサラダ 128

ごぼうと切り昆布のサラダ 128
◎ごぼうと塩昆布のサラダ 128
ごぼうのトマト煮サラダ 129

● れんこん
カリカリれんこんのサラダ 131
れんこんのたらこあえサラダ 132
れんこんのアンチョビサラダ 133
焼きれんこんのカレー塩サラダ 133
◎焼きれんこんとソーセージのカレー塩サラダ 133

● ほうれん草
ほうれん草の卵ソースサラダ 139
ほうれん草とひき肉のタイ風サラダ 140
ほうれん草とハムのサラダ 140
ほうれん草のガーリックサラダ 141
◎ほうれん草の温泉卵のせガーリックサラダ 141

● 小松菜
小松菜のねぎ油サラダ 143
◎小松菜の山椒ねぎ油サラダ 143
小松菜の白あえ風サラダ 144

小松菜と桜えびの蒸しサラダ 145
小松菜のなめたけおろしかけ 145
◎小松菜のしらすおろしかけ 145

● 春菊
春菊の梅マヨサラダ 147
◎春菊の明太マヨサラダ 147
春菊といかの韓国風サラダ 148
春菊のポテチサラダ 148
◎春菊のアーモンドサラダ 148
春菊としめじのお浸し風サラダ 149

● 水菜
水菜のユーリンチーだれサラダ 151
水菜とサラミのサラダ 151
◎水菜とはんぺんのサラダ 151
水菜とかまぼこのカリカリ梅サラダ 152
◎水菜とかまぼこのわさびサラダ 152
水菜の豚しゃぶ巻きサラダ 153

● 白菜
白菜とにんじんのラーパーツァイ 155
◎白菜とゆずのラーパーツァイ 155

白菜のエスニックサラダ 156
白菜のおかかサラダ 156
白菜のりサラダ 156
白菜の紅しょうがマヨサラダ 157

● 長ねぎ
長ねぎの焼き浸しサラダ 159
千切りねぎのサラダ 159
千切りねぎのキムチサラダ 159
長ねぎとツナのごまサラダ 160
長ねぎとかまぼこのごまサラダ 160
長ねぎの酢みそサラダ 161

● ブロッコリー
ブロッコリーのタルタルサラダ 163
ブロッコリーのタルタルホットサラダ 163
ブロッコリーとトマトのサラダ 164
ブロッコリーのピーナッツバターサラダ 164
ブロッコリーとミニトマトのピーナッツバターサラダ 164
ブロッコリーとえびのカリカリパン粉サラダ 165

● カリフラワー
カリフラワーのグレープフルーツマリネ
カリフラワーのマーマレードマリネ 167
カリフラワーのマッシュ 168
カリフラワーとさやいんげんのサラダ 168
カリフラワーとレーズンのサラダ 169

● もやし
もやしの肉みそサラダ 171
もやしのペペロンチーノ風サラダ 171
もやしときゅうりのつくだ煮サラダ 172
もやしとアボカドのつくだ煮サラダ 172
もやしとちくわの中華サラダ 173
もやしとちくわの和風サラダ 173

● アボカド
アボカドとトマトの納豆サラダ 175
アボカドのわさびじょうゆサラダ 175
アボカドとかまぼこのわさびじょうゆサラダ 175
アボカドディップのチーズガレット添え 176

column

忙しい朝でもすぐ！
パパッと作れるスピードサラダ
トマトとしらすのサラダ 54
大根のゆかり粉あえサラダ 54
きゅうりのライタ風サラダ 55
ベビーリーフとミックスナッツのサラダ 55

パンと一緒に！
ランチにも合うカフェ風サラダ
マッシュポテト 94
なすのピューレ 94
ブロッコリーとゆで卵のオープンサンド 95
セロリのツナクリームディップ 95

女子会にはコレ！
フルーツたっぷりのサラダパーティー
フルーツチェダーニアサラダ 134
バナナとベビーリーフのサラダ 134
パイナップルとゴーヤのスイートチリサラダ 135
りんごとセロリのヨーグルトサラダ 135

Part 2 一度は作ってみたい！定番サラダ

- ポテトサラダ 178
  - ◎明太ポテトサラダ 179
- シーザーサラダ 180
  - ◎油揚げ入りシーザーサラダ 180
- 豆のサラダ 181
  - ◎大豆のサラダ 181
- ニース風サラダ 182
  - ◎サーモン入りニース風サラダ 183
- トマトとモッツァレラのカプレーゼ 184
  - ◎トマトとモッツァレラの和風カプレーゼ 184
- 卵のサラダ 185
  - ◎アスパラガス入り卵のサラダ 185
- 大根サラダ 186
  - ◎冷しゃぶサラダ 187
- オニオンサラダ 187
- マカロニサラダ 188
  - ◎アジアン風マカロニサラダ 189
- チョレギサラダ 190
  - ◎たこ入りチョレギサラダ 190
- バンバンジーサラダ 191
- 中華風春雨サラダ 192
  - ◎中華風切り干し大根サラダ 192
- コールスロー 193
- キャロットラペ 193
  - ◎トマトとレーズン入りキャロットラペ 193
- かぼちゃサラダ 194
- ごぼうサラダ 194
  - ◎わかめ入りごぼうサラダ 194

Part 3 5分で作れる！缶詰サラダ

● ツナ缶
- サラダ菜のツナソースサラダ 196
- ツナとトマトの和風サラダ 197
  - ◎ツナとトマトのフレンチサラダ 197
- ツナとキムチのぶっかけサラダ 198
- ツナの担々風サラダ 198
- キャベツのツナ蒸しサラダ 199

● コーン缶
- コーンともやしの和風サラダ 200
- コーンポテトサラダ 200
  - ◎ハム入りコーンポテトサラダ 200
- コーンとサラダほうれん草のサラダ 201
  - ◎コーンとクレソンのサラダ 201
- コーン、ハム、きゅうりのサラダ 202
- コーンと魚肉ソーセージのホットサラダ 203

● 鮭缶・さば缶
- 鮭のクリームチーズディップ 204
- 鮭のきゅうりおろしサラダ 204
  - ◎鮭の大根おろしサラダ 204
- さばと玉ねぎの和風サラダ 205

● コンビーフ缶
- コンビーフと里いものサラダ 206
- 千切りじゃがいものピリ辛コンビーフあえ 206
  - ◎大豆もやしのピリ辛コンビーフあえ 206
- きゅうりとショートパスタのコンビーフサラダ 207
  - ◎キャベツとショートパスタのコンビーフサラダ 207

● 大豆缶・ミックスビーンズ缶

part 4
ヘルシーサラダ
ダイエット中でも安心！

大豆とごぼうのゆかり粉サラダ 209
大豆とれんこんのゆかり粉サラダ 209
大豆とかぼちゃのカレー風味サラダ 208
◎ミックスビーンズとチーズのホットサラダ 210
ミックスビーンズとソーセージのホットサラダ 210

くずし豆腐の洋風サラダ 212
白玉豆腐のばくだんサラダ 213
◎そばのばくだんサラダ 213
おからのポテトサラダ風 214
根菜のデリサラダ 215
ささ身と香味野菜のさっぱりサラダ 216
ツナのライスサラダ 217
◎たこと大根の納豆サラダ 217
たことオクラの納豆サラダ 217

そばサラダ 218
◎きしめんサラダ 218
フォー風サラダそうめん 219
高野豆腐のごまサラダ 220
わかめと桜えびの酢みそサラダ 220
◎わかめといかの酢みそサラダ 221
ところてんのとろろサラダ 221
◎ところてんの卵黄のせとろろサラダ 221
めかぶと大根のサラダ 222
ひじきのサラダ 222
◎ひじきのマヨサラダ 222
しらたきのチャプチェ風サラダ 223
切り昆布の塩麹ナムルサラダ 224
海藻ミックスとブロッコリーのサラダ 224

part 5
おかずサラダ
ボリューム満点！

チキンのフルーティーサラダ 228
手羽先と野菜のグリルサラダ 229
◎えびと野菜のグリルサラダ 229
ピリ辛豚しゃぶサラダ 230
焼き厚揚げとしし唐のおろしサラダ 230
ドライカレーサラダ 231
バーニャカウダ 232
キョフテのサラダ 233
チーズフォンデュ風サラダ 234
チキンタブレサラダ 235
◎まぐろのエスニックサラダ 236
◎かつおのエスニックサラダ 236
あじとグレープフルーツのカルパッチョ風サラダ 237
えびとアボカドのポキサラダ 237
◎えび、アボカド、わかめのポキサラダ 237
厚揚げのガドガドサラダ 238
ステーキサラダのわさびドレッシングがけ 226
◎ステーキサラダのバルサミコドレッシングがけ 227

10

Part 6 時間がたってもおいしい！作りおきサラダ

- 鮭とパプリカの焼き浸しサラダ 240
- 手羽先とパプリカの焼き浸しサラダ 240
- 焼き肉のマリネサラダ 241
- スティック野菜のピクルス 242
- 簡単ザワークラウト 242
- れんこんのカレーピクルス 243
- カリフラワーのカレーピクルス 243
- ピーマンのじゃこ炒めサラダ 244
- 大根のレモンじょうゆサラダ 244
- ◎きゅうりのレモンじょうゆサラダ 244
- 大豆もやしのナムル 245
- ◎なすのナムル 245
- さつまいものオレンジサラダ 246
- 根菜のハニーマスタードサラダ 246
- オクラとブロッコリーのサブジ風サラダ 247
- ズッキーニのゆかり粉サラダ 247
- ◎ズッキーニのふりかけ粉サラダ 247

Part 7 いつものサラダがワンランクアップ！簡単ドレッシング

- たこときのこのアヒージョサラダ 248
- ◎えびときのこのアヒージョサラダ 248
- フレンチドレッシング（キャベツのサラダ）250
- イタリアンドレッシング（トマトのサラダ）250
- シーザードレッシング（レタスのサラダ）250
- サウザンドレッシング（きゅうりのサラダ）251
- アンチョビドレッシング（レタスのサラダ）251
- チーズドレッシング（キャベツのサラダ）251
- タルタルドレッシング（トマトのサラダ）251
- オーロラドレッシング（キャベツのサラダ）252
- 和風ドレッシング（水菜のサラダ）252
- みそドレッシング（水菜のサラダ）252
- ねぎみそドレッシング（きゅうりのサラダ）252
- 大根おろしドレッシング（トマトのサラダ）252
- ゆずこしょうドレッシング（トマトのサラダ）253
- ごまドレッシング（水菜のサラダ）253
- ノンオイル梅ドレッシング（水菜のサラダ）253
- ノンオイルわさびドレッシング（キャベツのサラダ）253
- 中華ドレッシング（キャベツのサラダ）254
- 韓国風ドレッシング（きゅうりのサラダ）254
- ベトナム風ドレッシング（レタスのサラダ）254
- タイ風ドレッシング（キャベツのサラダ）254
- キャロットドレッシング（キャベツのサラダ）255
- ジンジャーハニードレッシング（トマトのサラダ）255
- カレー風味オニオンドレッシング（きゅうりのサラダ）255
- 焼き肉のたれドレッシング（レタスのサラダ）255

11

毎日のサラダ作りがもっと楽しくなるヒント

サラダは家にある道具で簡単に作れますが、サラダ作りをもっと充実させたい！という方のために、あると便利なアイテムや楽しいアイデアをご紹介します。

1

小さい野菜を切るときは、小回りのきく**ペティナイフ**が便利

ペティナイフは刃渡りが10〜15cmと、女性の手のサイズにフィットするので扱いがラクチン。野菜を切るのはもちろん、オクラのガクをむく、にんじんの茎の根元をくり抜くなど、小回りのきく作業にうってつけ！合わせて小さめのまな板もそろえておくと、少量の野菜をさっと切りたいときに重宝します。

2 しっかりと水気がきれる**サラダスピナー**なら、

サラダスピナーとは、野菜を回転させて遠心力で余分な水分を飛ばすアイテム。ペーパータオルでふくよりもしっかりと水気が取れるので、時間短縮にも役立ちます。しかも野菜もつぶれず、ふんわりとしているので食感もよくなります。

3 **深めのボウル&小さめのゴムベラ**があえやすい

いも類やおかず、アボカドのサラダなど、さっくりと大きくあえるときは、深さのあるボウルと小さめのゴムベラがあると便利です。この組み合わせなら、調味料がまんべんなく行き渡り、効率よくあえることができます。

シャカシャカー

4 ドレッシングは瓶でシェイク！手軽だし、分離もしない

ドレッシングを作るときは油と水分を分離させないことが鉄則！そこで便利なのがジャムなどの空き瓶です。材料を入れてよ〜くふれば、特に油の量が多いドレッシングの場合は分離が少なく、味も均一に仕上がります。しかも、そのまま冷蔵庫で保存もOK。サラダにかけるときは、食べる直前にもう一度ふってからかけます。

瓶がない場合や粘度のあるドレッシングを作る場合は、小さめのボウル＆小さめの泡立て器がオススメ。大きめの泡立て器を使用すると全体がなじみにくく、混ぜるのにかえって時間がかかってしまいます。

14

5 普段使いの器に盛ると、いつもと違ったサラダに変身！

サラダを盛る器にルールはありません。そば猪口や木製の汁椀、マグカップ、グラスなど、家にある普段使いの器にサラダを盛ると、意外とおしゃれにまとまり、食卓の雰囲気もガラッと変わります。自由な発想でいろいろと試してみると楽しいです。

6 ペットボトルを活用して冷蔵庫の中をスッキリ！

冷蔵庫を開けたときに野菜がしんなりとしていると、サラダを作るモチベーションもダウン。そこで、空いたペットボトルを適当な高さでカットし、切り口をマスキングテープなどで覆って野菜立てを作れば、冷蔵庫もスッキリ。乾燥に弱い野菜は、新聞紙で包むと鮮度が保たれます。

本書の見方&使い方

新鮮な野菜の選び方
スーパーなどで野菜を選ぶときの見分け方です。

健康に役立つミニ知識
多く含まれている栄養素やその働きについてまとめました。体調に合わせた野菜選びにも。

旬の時期
スーパーなどに多く並ぶ旬の時期（■）を表示。買いものの際の参考にしてください。

シーン・食事別アイコン
和食に合うサラダをアイコンで表示。主菜やシーンに合わせてサラダをチョイスしてください。

365日分のサラダ
毎日サラダを楽しんでいただくために、1年分（365日）のサラダをご用意しました。

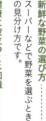

おいしさに差が出る下準備
このひと手間でサラダがグンとおいしくなる下ごしらえのコツを紹介しています。サラダに合った下ごしらえを選んでください。

野菜を長もちさせる保存方法
できるだけ鮮度を保ちながら保存するための方法です。ご活用ください。

おいしくなるポイント
サラダをおいしく仕上げるために押さえておきたいポイントを、理由とともに紹介しています。

簡単アレンジでもう一品
サラダを簡単アレンジ！ 野菜や調味料をほんの少し変えるだけで、食感や見た目も変わります。

エネルギー量
サラダは1人分、ドレッシング（P250～255）は全量を表示しています。

この本の決まり

・小さじ1は5ml、大さじ1は15ml、1カップは200mlです。

・材料表に表記しているgは特に記載がない限り、皮やヘタ、種などを取り除いた正味の重量です。

・電子レンジの加熱時間は600W、オーブントースターの加熱時間は1000Wのものを基準にしています。

16

Part
1

おなじみの野菜を使って！

素材別
サラダ

スーパーにあるいつもの野菜を使って、
簡単に作れるサラダをご紹介！
1種類の野菜だけでも、とびっきりおいしいサラダに変身。
冷蔵庫にある残り野菜も上手に活用できます。

キャベツ

生で食べるとみずみずしく、加熱すると甘味を感じます。切り方を変えるだけでも、いろいろな食感が楽しめます。

選び方
葉にツヤがあり、ずっしりとしているものを選ぶ。

栄養
胃酸の量を調節してくれるビタミンUが豊富。抗がん作用のあるイソチオシアネートという酵素も含まれている。

おいしい時期

1月 2月 3月 4月 5月 6月 7月 8月 9月 10月 11月 12月
←冬キャベツ→ ←春キャベツ→ ←夏キャベツ→

下ごしらえのコツ

かたい芯は取り除く
葉の内側を上にして置き、芯に沿って切り込みを入れて三角形に切り取る。

水っぽくならないように水気をきる
ゆでた場合は、あえたときに水分が出ないようにザルに上げ、しっかりと水気をきる。

繊維に沿って切るとシャキシャキに
歯ごたえを残し、シャキシャキの食感を楽しみたい場合は、繊維に沿って切って。

繊維を断つように切るとやわらかに
ふんわり、やわらかい食感を楽しみたい場合は、繊維を断つように切って。

保存方法

まるごとの場合
芯をくり抜き、濡らしたペーパータオルを詰めてポリ袋に入れ、芯のあった部分を下にして冷蔵庫で保存する。約1週間が目安。

カットしたものの場合
ラップで包み、芯を下にして冷蔵庫で保存する。3〜4日が目安。

Day 001 中華に合うサラダ

山椒の香りを移した油をジュッとかけて仕上げます

キャベツと蒸し鶏の山椒風味サラダ

> 油が熱いうちに加えると味なじみがよく、山椒の香りも立ちます。

材料(2人分)
キャベツ……3〜4枚(200g)
鶏ささ身……2本(100g)
塩、こしょう……各少々
酒……大さじ1/2
A│酢……大さじ1
　│しょうゆ……大さじ1/2
　│砂糖……小さじ1
B│サラダ油……大さじ1・1/2
　│粉山椒……小さじ1/2

1 ささ身は筋を取り除き、塩、こしょうをふって耐熱皿にのせ、酒をふる。ふんわりとラップをして電子レンジで1分30秒〜2分加熱し、粗熱が取れたら手で粗く裂く。
2 キャベツは細切りにする。
3 ボウルにAを入れてよく混ぜ、1と2を加えてあえる。
4 フライパンにBを入れて弱火で熱し、うっすらと煙が立ってきたら3に加えて、ひと混ぜする。

エネルギー173kcal

part 1 キャベツのサラダ

Day 002 アレンジレシピ
ささ身をパプリカにして彩り豊かに
キャベツとパプリカの山椒風味サラダ
エネルギー132kcal

「キャベツと蒸し鶏の山椒風味サラダ」の鶏ささ身2本(100g)→縦に細切りにしたパプリカ(赤)1/2個(80g)にする。塩、こしょう各少々と酒大さじ1/2は除き、レンジ加熱せずにキャベツと一緒にあえる。

Day 003 〈和食に合うサラダ〉

塩昆布のうま味と塩気がちょうどいい

キャベツの塩昆布サラダ

材料（2人分）
キャベツ……3〜4枚（200g）
青じそ……5枚
A　塩昆布（細切り）……大さじ1（10g）
　　みりん、酢、ごま油……各小さじ1
　　塩……少々
いりごま（白）……大さじ1

エネルギー92kcal

1　キャベツはひと口大に切る。青じそは千切りにする。
2　ポリ袋にキャベツとAを入れる。ポリ袋に空気を入れ、口を閉じてふる。空気を抜いて口を結び、冷蔵庫に10〜15分おいて味をなじませる。
3　2を軽くもみ、青じそとごまを加えて混ぜ合わせる。

> ポリ袋を使用すると、全体に味がなじみやすくなります。

Day 004 アレンジレシピ

レモンとナンプラーを加えてエスニック風に

キャベツのエスニック風塩昆布サラダ

エネルギー92kcal

「キャベツの塩昆布サラダ」の青じそ5枚→刻んだシャンツァイ1枝にして、Aの酢小さじ1→レモン汁小さじ1、塩少々→ナンプラー小さじ1／2にする。

Day 005 〈洋食に合うサラダ〉

マヨネーズと相性抜群。
やさしい味わいで、パンにもよく合います

キャベツとゆで卵のサラダ

材料(2人分)
キャベツ……3枚(180g)
卵……2個
A | マヨネーズ……小さじ2
　 | オリーブ油、酢……各小さじ1
　 | 砂糖……小さじ1/2
　 | 塩……小さじ1/4

エネルギー158kcal

1 小さめの鍋にたっぷりの湯を沸かし、卵を11〜12分ゆでる。冷水にとって冷まし、殻をむいて粗く刻む。
2 別の鍋に湯を沸かし、キャベツを1〜2分ゆでる。しんなりとしたら、ザルに上げて水気をきり、粗く刻んで水気を絞る。
3 ボウルにAを入れてよく混ぜ、1と2を加えてあえる。

> 水っぽくならないように、キャベツを適量ずつ取って両手でギュッと絞って。

Day 006 〈洋食に合うサラダ〉

大きく切って、ボリューム感を出します

くし形キャベツとハムのサラダ

材料(2人分)
キャベツ……1/4個(240g)
ハム……2枚
水……大さじ1
洋風スープの素(顆粒)……小さじ1/2
A | 酢、オリーブ油……各大さじ1
　 | 塩……小さじ1/4
　 | こしょう……少々

エネルギー116kcal

1 キャベツは縦半分のくし形に切る。ハムは半分に切ってから細切りにする。
2 耐熱皿にキャベツをのせて水をふり、ハムを散らす。ふんわりとラップをして、電子レンジで約4分加熱する。
3 ボウルに2の蒸し汁を入れ、洋風スープの素を加えて溶き、Aを加えて混ぜ合わせる。
4 器に2を盛り、3をかける。

> キャベツの蒸し汁をドレッシングに加えるとうま味がプラス。

part 1 キャベツのサラダ

玉ねぎ

血液サラサラ効果で、健康的な体作りに役立ちます！新玉ねぎが手に入ったら、辛味が少ないので、ぜひ生でいただきましょう。

玉ねぎ

新玉ねぎ

選び方
表皮が乾燥していてツヤがあり、締まりがあって重みのあるものを選ぶ。

栄養
香り成分のアリシンが血液をサラサラにし、ビタミンB_1の吸収を高めて新陳代謝をアップ。かぜ予防にも。

おいしい時期

| 1月 | 2月 | 3月 | 4月 | 5月 | 6月 | 7月 | 8月 | 9月 | 10月 | 11月 | 12月 |

← 玉ねぎ　新玉ねぎ　　　　　　← 玉ねぎ

下ごしらえのコツ

冷やしておくと目が痛くならない
調理する約1時間前に冷蔵庫で冷やしておくと、切ったときに目への刺激がやわらぐ。

水にさらして辛味を抜く
生でそのまま食べる場合は、水に5〜10分さらして辛味を抜いて。

繊維に沿って切るとシャキシャキに
繊維に沿って切ると、シャキッとした歯触りになる。

繊維を断つように切るとやわらかに
繊維を断つように切ると、ふんわり、やわらかい歯触りになる。

保存方法

まるごとの場合
1個ずつ新聞紙で包み、ザルなどに入れて風とおしのよい場所で保存する。約1カ月が目安。新玉ねぎの場合は新聞紙で包んでポリ袋に入れ、冷蔵庫で保存。約1週間が目安。

カットしたものの場合
ラップで包み、冷蔵庫で保存する。3〜4日が目安（新玉ねぎの場合も同様）。

Day 007 和食に合うサラダ

昆布茶の少量使いがおいしさの秘訣
玉ねぎの梅あえ

材料(2人分)
玉ねぎ(あれば新玉ねぎ)……大1/2個(120g)
梅干し……1個(12g)
A | しょうゆ、みりん……各小さじ1/2
　 | 昆布茶……小さじ1/3

エネルギー29kcal

1 玉ねぎは繊維を断つように薄切りにする。水に5〜10分さらしてザルに上げ、ペーパータオルで包んで軽く水気を絞る(新玉ねぎの場合は水にさらさない)。梅干しは種を取り、包丁で細かくたたく。
2 ボウルに梅干しとAを入れてよく混ぜ、玉ねぎを加えてあえる。

> 玉ねぎになじみやすいように、できるだけ細かくたたきます。

part 1 玉ねぎのサラダ

Day 008 アレンジレシピ
梅干しをザーサイにしておつまみ風に
玉ねぎのザーサイあえ
エネルギー29kcal

「玉ねぎの梅あえ」の梅干し1個(12g)→千切りにした味つきザーサイ20gにして、Aの昆布茶小さじ1/3は除く。

Day 009 〈お酒に合うサラダ〉
わさびがふわっと香ります
玉ねぎのステーキ風サラダ

材料(2人分)
玉ねぎ……1個(160g)
小麦粉……適量
A めんつゆ(2倍濃縮)、酢……各大さじ1
　 練りわさび……小さじ1
ごま油……小さじ2
塩……少々

エネルギー101kcal

1 玉ねぎは1cm厚さの輪切りにし、両面に小麦粉をまぶす。Aは混ぜ合わせておく。
2 フライパンにごま油を中火で熱し、玉ねぎの両面を焼く。焼き色がついたら両面に塩をふり、ふたをして弱めの中火で2～3分蒸し焼きにする。器に盛り、Aをかける。

> 玉ねぎがバラバラにならないように、小麦粉を薄くまぶします。

Day 010 〈洋食に合うサラダ〉
ほどよい酸味で野菜がたくさん食べられます
玉ねぎとパプリカのマリネ

材料(2人分)
玉ねぎ(あれば新玉ねぎ)……1/2個(80g)
パプリカ(赤・黄)……各1/3個(各60g)
A オリーブ油、酢……各大さじ1
　 砂糖……小さじ1
　 塩、こしょう……各少々

エネルギー95kcal

1 ボウルにAを入れてよく混ぜる。
2 玉ねぎは繊維に沿って薄切りにし、1に加えて混ぜ合わせる。
3 パプリカは縦に細切りにする。耐熱ボウルに入れてふんわりとラップをし、電子レンジで1分30秒～2分加熱する。すぐに1に加えて混ぜ合わせ、冷蔵庫に10～20分おいて味をなじませる。

> 水にさらさずにマリネ液に加え、うま味を移しながら味をなじませて。

Day 011 アレンジレシピ
パプリカをにんじんにしてシンプルに
玉ねぎとにんじんのマリネ
エネルギー96kcal

「玉ねぎとパプリカのマリネ」のパプリカ(赤・黄)各1/3個(各60g)→千切りにしたにんじん1/2本(100g)にする。1～2分ゆでて水気をきり、マリネ液に加える。

24

Day 012

じんわりとしみ出た甘味がたまりません

まるごと玉ねぎの和風サラダ

材料(2人分)
玉ねぎ……大1個(250g)
A｜水……1/4カップ
　｜しょうゆ……大さじ1/2
　｜和風だしの素(顆粒)、
　｜　ごま油……各小さじ1/2
削り節……小1袋(3g)

エネルギー66kcal

1 玉ねぎは根元の部分に十文字の切り込みを深く入れる。Aは混ぜ合わせておく。
2 耐熱ボウルに玉ねぎを入れ、ふんわりとラップをして電子レンジで約3分加熱する。一度取り出し、Aをかける。ラップをせずに、さらに電子レンジで1分30秒〜2分加熱して粗熱を取る。
3 器に2を盛り、削り節をのせる。

> 粗熱を取りながら少し時間をおくと玉ねぎのやわらかさ、甘味がアップ。

じゃがいも

加熱に強いビタミンCが多く、美容にもオススメの素材！しっとり、ホクホクを生かしてサラダにします。

選び方
全体がふっくらとしていてシワがなく、重みのあるものを選ぶ。

栄養
加熱に強いビタミンCが豊富で、がんやストレスの予防、シミの生成を抑える働きがある。カリウムも多く、高血圧予防にも。

おいしい時期

1月 2月 3月 4月 5月 6月 7月 8月 9月 10月 11月 12月
　　　　　　　　　←新じゃがいも→　←じゃがいも→

下ごしらえのコツ

レンジ加熱でふっくらとさせる
皮つきのまま濡らしたペーパータオルとラップで包み、レンジ加熱するとふっくら。

ペーパータオルにのせて皮をむく
レンジ加熱したら粗熱を取り、ペーパータオルにのせて、皮をむいて。

温かいうちに混ぜると味がなじみやすい
じゃがいもが温かいうちに調味料と合わせると、味がなじみやすい。

水にさらしてでんぷんを抜く
千切りにした場合、じゃがいも同士がでんぷんでくっつくので、水にさらして抜く。

保存方法

まるごとの場合
新聞紙で包み、風とおしのよい涼しい場所で保存する。約1カ月が目安。

カットしたものの場合
皮つきのままラップで包み、冷蔵庫で保存する。3～4日が目安。切り口が変色している場合は、薄く切り落としてから使用する。

Day 013

洋食に合うサラダ

マヨネーズ+トマトケチャップがまったりおいしい
じゃがいもとえびのオーロラサラダ

> 形をある程度残すようにくずして、食感を楽しんで。

材料(2人分)
じゃがいも……2個(皮つきで320g)
ゆでえび……8尾
A│ マヨネーズ……大さじ2
 │ トマトケチャップ……大さじ1/2
 │ レモン汁……小さじ1
パセリ(ドライ)……少々

エネルギー232kcal

1 じゃがいもは皮つきのまま1個ずつ水で濡らしたペーパータオルで包んでからラップで包む。耐熱皿にのせ、電子レンジで約3分加熱して裏返し、さらに約2分30秒加熱する。ゆでえびは殻をむいて尾を取り除き、背ワタを取る。
2 ボウルにAを入れてよく混ぜる。
3 じゃがいもの粗熱が取れたら皮をむき、ひと口大に切る。すぐに2に加えて、じゃがいもをくずしながら混ぜ、ゆでえびを加えて混ぜ合わせる。器に盛り、パセリをふる。

part 1 じゃがいものサラダ

Day 014 アレンジレシピ
ゆでえびをブロッコリーにして彩りを変えます
じゃがいもとブロッコリーのオーロラサラダ
エネルギー209kcal

「じゃがいもとえびのオーロラサラダ」のゆでえび8尾→小房に切り分けたブロッコリー1/4株(60g)にする。水大さじ2をふり、蒸しゆでにして水気をきる(P163・2参照)。パセリ(ドライ)少々は除く。

Day 015 和食に合うサラダ

シャキシャキとした食感が楽しい！
千切りじゃがいもと かに風味かまぼこのサラダ

材料(2人分)
じゃがいも……2個(300g)
かに風味かまぼこ……4本
青じそ……5枚
A│すりごま(白)……大さじ1
　│しょうゆ、酢……各小さじ2
　│砂糖、ごま油……各小さじ1

エネルギー184kcal

> じゃがいもは歯ごたえが残るように、さっとゆでて。

1 じゃがいもは皮をむいて千切りにする。水に約1分さらして水を取り替え、さらに約1分さらしてザルに上げ、水気をきる。鍋に湯を沸かし、じゃがいもを約1分ゆで、ザルに上げて水気をきる。
2 かに風味かまぼこは長さを半分に切ってほぐす。青じそは千切りにする。
3 ボウルにAを入れてよく混ぜ、1と2を加えてあえる。

Day 016 アレンジレシピ
かに風味かまぼこをハムにして食感を変えます
千切りじゃがいもとハムのサラダ
エネルギー207kcal

「千切りじゃがいもとかに風味かまぼこのサラダ」のかに風味かまぼこ4本→半分に切ってから細切りにしたハム3枚にする。

28

材料(2人分)
じゃがいも……2個(皮つきで320g)
A│オリーブ油……小さじ2
　│塩、こしょう……各少々
B│にんにく(みじん切り)……1/2かけ
　│粉チーズ……小さじ4

エネルギー173kcal

1 じゃがいもは皮つきのまま、ひと口大に切る。ボウルに入れ、Aを加えてからめる。Bは混ぜ合わせておく。
2 魚焼きグリルにアルミ箔を敷き、じゃがいもを並べて弱めの中火で約15分焼く(両面焼きグリルの場合。片面焼きグリルの場合は途中で裏返して17〜18分焼く)。竹串を刺し、スッととおるようになったら器に盛り、Bをかける。

ホックリとさせたいので、水にさらさずに調理します。

Day 017
洋食に合うサラダ
皮ごと焼いて、ホクホク度アップ
じゃがいものグリルサラダ

part 1 じゃがいものサラダ

材料(2人分)
じゃがいも……2個(皮つきで320g)
A│プレーンヨーグルト……大さじ3
　│マスタード……大さじ1
　│砂糖……小さじ1/2
B│オリーブ油……小さじ1
　│ウインナソーセージ(斜め切り)
　│　……4本
　│玉ねぎ(みじん切り)……20g
C│水……1/4カップ
　│洋風スープの素(顆粒)……小さじ1/2

エネルギー299kcal

1 じゃがいもは電子レンジで加熱し(P27・1参照)、皮をむいてひと口大に切る。Aは混ぜ合わせておく。
2 フライパンにBを入れ、中火で炒める。じゃがいもを加えて炒め合わせ、Cを加えてふたをし、約5分煮る。火を止め、Aを加えて全体になじませる。

味がからみやすいように、じゃがいもが熱いうちにドレッシングを加えて。

Day 018
お酒に合うサラダ
ヨーグルト+マスタードの意外な組み合わせ
じゃがいものドイツ風サラダ

グリーンアスパラガス

ゆでて、焼いて、サラダに大活躍！独特のポリッとした食感が魅力です。

選び方
色が鮮やかでハリがあり、穂先が締まっているものを選ぶ。

栄養
アスパラギン酸が新陳代謝をアップさせ、疲労回復に効果的。血行を促進するルチンも豊富で高血圧予防にも。

おいしい時期

1月	2月	3月	4月	5月	6月	7月	8月	9月	10月	11月	12月
				■	■	■					

下ごしらえのコツ

かたい皮をむいて歯触りをよくする
歯触りがよくなるように、ピーラーで根元に近い部分のかたい皮をむく。

かたい根元から入れてゆでる
大きめの鍋やフライパンに湯を沸かして根元を入れ、ひと呼吸おいてから倒してゆでて。

ペーパータオルで水気をきる
ゆでたあと、水にさらすと水っぽくなるので、ペーパータオルに取り出して水気をきる。

ゆでてから切ると水っぽくならない
切ってからゆでるとベチャッとなりがち。ゆでてから切ればシャキッと仕上がる。

保存方法

まるごとの場合
根元を少し切り落とし、水を入れた容器などに根元が下になるように立てて入れる。ラップをして冷蔵庫で保存。3〜4日が目安。

材料(2人分)
グリーンアスパラガス……4〜6本(90g)
ハム……3枚
A｜粒マスタード、オリーブ油、
　　レモン汁……各小さじ2
　｜しょうゆ……小さじ1
　｜砂糖……ひとつまみ

エネルギー109kcal

1 アスパラガスはかたい皮をむく。フライパンに湯を沸かして2〜3分ゆで、取り出して水気をきる。粗熱が取れたら、3〜4cm長さの斜め切りにする。ハムは放射状に6等分に切る。
2 ボウルに**A**を入れてよく混ぜる。**1**を加えて混ぜ合わせ、冷蔵庫に5〜10分おいて味をなじませる。

ハムは大きめに切って食感の違いを楽しんで。

Day 019　お酒に合うサラダ
粒マスタードがおいしさの引き立て役
アスパラガスとハムのサラダ

材料(2人分)
グリーンアスパラガス……4〜6本(90g)
レモン (薄い輪切り・国産)……2枚
A｜レモン汁、オリーブ油……各大さじ1
　｜はちみつ……小さじ1
　｜塩……小さじ1/3
　｜こしょう……少々

エネルギー77kcal

1 アスパラガスはかたい皮をむく。フライパンに湯を沸かして2〜3分ゆで、取り出して水気をきる。粗熱が取れたら、長さを3〜4等分に切る。レモンは4等分に切る。
2 ボウルに**A**を入れてよく混ぜ、**1**を加えて混ぜ合わせる。冷蔵庫に約20分おいて味をなじませる。

冷やしている間に味がなじみます。

Day 020　洋食に合うサラダ
レモンはワックスのかかっていない国産がオススメです
アスパラガスのレモンサラダ

Day 021 アレンジレシピ
しらすを加えて磯の風味をプラス
アスパラガスとしらすのレモンサラダ
エネルギー86kcal

「アスパラガスのレモンサラダ」のAの塩小さじ1/3→塩小さじ1/4にする。しらす干し大さじ1・1/2(15g)を加え、アスパラガス、レモンと一緒に混ぜる。

Day 022 洋食に合うサラダ

玉ねぎ入りのソースがシャリッとさわやか！

アスパラガスのツナマヨサラダ

材料（2人分）
グリーンアスパラガス……4〜6本（90g）
ツナ缶（水煮）……小1缶（80g）
A　玉ねぎ（みじん切り）……20g
　　マヨネーズ……大さじ1
　　しょうゆ、マスタード……各小さじ1

エネルギー90kcal

1 アスパラガスはかたい皮をむく。フライパンに湯を沸かして2〜3分ゆで、取り出して水気をきる。粗熱が取れたら、長さを4〜5等分に切る。ツナは缶汁をきる。
2 ボウルにツナとAを入れてよく混ぜ、アスパラガスを加えてあえる。

> マヨネーズと混ぜるので水煮を使用。水っぽくならないように、汁気をしっかりときって。

Day 023 アレンジレシピ

ツナをうずらのゆで卵にしてボリュームをアップ

アスパラガスとうずらの卵のマヨサラダ

エネルギー98kcal

「アスパラガスのツナマヨサラダ」のツナ缶（水煮）小1缶（80g）→半分に切ったうずらのゆで卵（水煮）4個にする。仕上げに塩少々で味をととのえる。

Day 024

洋食に合うサラダ

フレンチドレッシングでさっぱりといただきます

グリルアスパラガスの目玉焼きのせサラダ

材料(2人分)
グリーンアスパラガス……4〜6本(90g)
卵……2個
オリーブ油……小さじ1
水……大さじ1
フレンチドレッシング(P250参照)
　……大さじ1・1/2
粗びき黒こしょう……適量

エネルギー159kcal

1 アスパラガスはかたい皮をむく。フライパンに湯を沸かして2〜3分ゆで、取り出して水気をきる。
2 フライパンにオリーブ油を中火で熱し、卵を1個ずつ落とし入れる。白身のふちが固まってきたら水を加え、ふたをして2〜3分蒸し焼きにする。
3 器に1を盛って2をのせ、フレンチドレッシングを回しかけて粗びき黒こしょうをふる。

> 黄身は半熟にして、アスパラガスとからめて食べるとおいしい！

part 1　グリーンアスパラガスのサラダ

セロリ

すがすがしい香りと、シャキシャキの食感が持ち味です。葉がついている場合は、刻んでサラダに加えると彩りがよくなります。

選び方
茎に厚みがあり、筋がくっきりとしているものを選ぶ。

栄養
イライラを抑え、食欲を増進させる働きが香り成分にある。茎は食物繊維やビタミンB群、葉はβ-カロテンが豊富。

おいしい時期

| 1月 | 2月 | 3月 | 4月 | 5月 | 6月 | 7月 | 8月 | 9月 | 10月 | 11月 | 12月 |

下ごしらえのコツ

買ってきたら茎と葉を切り分ける
葉が茎の水分を吸ってしまうので、買ってきたら茎と葉を切り分けて。

口当たりがよくなるように茎の筋を取る
葉に近い部分に包丁を浅く入れて筋をひっかけ、根元に向かって引いて取る。

断面が大きくなるように斜めに切る
斜めに切ると断面が大きくなり、ドレッシングがなじみやすくなる。

さっとゆでると苦味がやわらぐ
30秒〜1分ゆでると苦味がやわらぎ、味なじみがよくなる。

保存方法

まるごとの場合
茎と葉を切り分け、茎は根元を下、葉は葉先を上にしてポリ袋に入れ、冷蔵庫に立てて保存する。4〜5日が目安。

葉が残った場合
細かく刻んで保存容器に入れ、冷蔵庫で保存する。1〜2日が目安。

Day 025 お酒に合うサラダ

ピリッと辛味をきかせて食欲もアップ！
セロリと蒸し鶏のサラダ

材料（2人分）
- セロリ……1本（120g）
- 鶏ささ身……2本（100g）
- にんじん……25g
- 塩……少々
- 酒……大さじ1
- A
  - オリーブ油……小さじ2
  - 酢……大さじ1/2
  - 砂糖……小さじ1/2
  - 塩、一味唐辛子……各小さじ1/3

エネルギー115kcal

1 ささ身は筋を取り除いて塩をふり、耐熱皿にのせて酒をふる。ふんわりとラップをして電子レンジで1分30秒〜2分加熱し、粗熱が取れたら手で粗く裂く（蒸し汁は取っておく）。
2 セロリは斜め薄切りにする。にんじんは千切りにする。
3 ボウルにAを入れてよく混ぜ、1を蒸し汁ごと加えて混ぜ合わせる。2を加えて混ぜ合わせ、味をなじませる。

> ささ身の蒸し汁も捨てずに加えると、うま味が増します。

part 1 セロリのサラダ

Day 026 アレンジレシピ
蒸し鶏をちくわにして歯ごたえを変えます
セロリとちくわのサラダ

エネルギー93kcal

「セロリと蒸し鶏のサラダ」のAの塩小さじ1/3→塩小さじ1/4にする。鶏ささ身2本（100g）→縦半分に切ってから斜め薄切りにしたちくわ小2本（50g）にして、塩少々と酒大さじ1は除き、レンジ加熱せずにセロリ、にんじんと一緒に混ぜる。

Day 027 〈中華に合うサラダ〉

鶏ガラスープのうま味、
レモンの酸味が絶妙なバランス

セロリのレモン浅漬けサラダ

材料（2人分）
セロリ……1本（120g）
レモン（薄い輪切り・国産）……2枚
A │ オリーブ油、レモン汁……各小さじ1
　　│ 鶏ガラスープの素（顆粒）、砂糖
　　│ 　……各小さじ1/2
　　│ 塩……小さじ1/3

エネルギー26kcal

1 セロリはひと口大の乱切りにする。レモンは6等分の放射状に切る。
2 ポリ袋にAとセロリを入れ、軽くもむ。空気を抜いて口を結び、冷蔵庫に10〜15分おいて味をなじませる。
3 2の汁気をきり、レモンを加えて混ぜ合わせる。

> レモンの皮から苦味が出るので、最後に加えて。

Day 028 〈中華に合うサラダ〉

少し太めに切って歯ごたえを楽しみます

セロリのピリ辛マヨサラダ

材料（2人分）
セロリ……1本（120g）
セロリの葉（あれば）……適量
A │ マヨネーズ……小さじ4
　　│ すりごま（白）、酢……各小さじ1
　　│ 豆板醤、砂糖……各小さじ1/2

エネルギー74kcal

1 セロリは7mm厚さの斜め切りにする。鍋に湯を沸かしてセロリを30秒〜1分ゆで、ザルに上げて水気をきり、粗熱を取る。セロリの葉はゆでずに細かく刻む。
2 ボウルにAを入れてよく混ぜ、1を加えてあえる。

> セロリの葉を加えると、見た目も香りもよくなります。

Day 029 アレンジレシピ

ピリ辛マヨ味をごまみそ味に

セロリのごまみそサラダ

エネルギー66kcal

「セロリのピリ辛マヨサラダ」のA→すりごま（白）大さじ1、みそ、マヨネーズ各小さじ2、みりん大さじ1/2にする。

Day 030

洋食に合うサラダ

クリームチーズ入りでクリーミー。おもてなしにも

セロリボートのタルタルえびサラダ

材料(2人分)
セロリ……1本(120g)
セロリの葉(あれば)……適量
むきえび……50g
クリームチーズ(室温に戻す)
　……1個(20g)
トマトケチャップ……小さじ1
A│にんにく(すりおろす)……小さじ1/2
　│塩……小さじ1/4

エネルギー69kcal

1 えびは背ワタを取る。鍋に湯を沸かし、えびを30秒〜1分ゆでてザルに上げ、水気をきる。粗熱が取れたら、粗く刻む。
2 ボウルにクリームチーズを入れ、トマトケチャップを加えてよく混ぜる。なめらかになったら、Aと1を加えて混ぜ合わせる。
3 セロリは5cm長さに切り、2をのせる。セロリの葉を粗くちぎって飾る。

ゆですぎるとかたくなるので、色が変わったらすぐにザルに上げます。

part 1 セロリのサラダ

トマト・ミニトマト

ほどよい酸味があり、栄養もたっぷり。食卓もパッと華やかになります。

ミニトマト

トマト

選び方
実が引き締まり、ヘタがきれいな緑色で、ピンとしているものを選ぶ。

栄養
赤い色素のリコピンには強い抗酸化作用があり、がん予防の効果が期待されている。ビタミンCも多く、美肌＆美白効果も。

おいしい時期

トマト
ミニトマト
1月 2月 3月 4月 5月 6月 7月 8月 9月 10月 11月 12月

下ごしらえのコツ

調理前に冷やして味を引き締める
室温で保存していたトマトは調理する直前に冷水で冷やし、味を引き締める。

切り込みを入れて皮をむきやすく
湯むきをする場合、皮がめくれやすいようにヘタのところに浅い切り込みを入れる。

表面だけをさっとゆでる
湯に入れ、切り込みから皮が少しめくれてきたらすぐに網じゃくしなどですくって。

余熱で火がとおらないように冷やす
余熱で中まで火がとおらないようにすぐに冷水で冷やし、ていねいに皮をむいて。

保存方法

トマトの場合
熟したトマトは冷やしすぎると甘味を感じづらくなるので、真夏以外はヘタを下にしてポリ袋に入れ、室温で保存する。2〜3日が目安。

ミニトマトの場合
パックに入れたまま、真夏以外は室温で保存する。2〜3日が目安。

材料(2人分)
ミニトマト……10個(150g)
A │ レモン汁……大さじ4
　│ はちみつ……大さじ2

エネルギー66kcal

1 ミニトマトはヘタを取り除き、ヘタの部分に浅い切り込みを入れる。鍋に湯を沸かしてミニトマトをさっとゆで、網じゃくしなどですくって冷水にとって冷まし、皮をむく。
2 ボウルにAを入れてよく混ぜ、1を加えて混ぜ合わせる。冷蔵庫で30分以上漬けて味をなじませる。

時間のあるときは、約半日漬けておくとさらに味がしみ込んでおいしい！

Day 031　洋食に合うサラダ
レモンの酸味でさっぱり食べやすい！
ミニトマトのハニーマリネ

材料(2人分)
トマト……2個(300g)
パセリ(みじん切り)……大さじ1
A │ 玉ねぎ(みじん切り)……20g
　│ レモン汁……大さじ1/2
　│ はちみつ……小さじ1
オリーブ油……大さじ1
塩、こしょう……各少々

エネルギー101kcal

1 トマトは7〜8mm厚さの輪切りにする。器に盛り、冷蔵庫で冷やす。
2 ボウルにAを入れてよく混ぜ、オリーブ油を加えて混ぜ合わせる。塩、こしょうで味をととのえ、パセリを加えて混ぜ合わせる。
3 食べる直前に1に2をかける。

冷蔵庫で冷やしておくと、トマトの味が締まり、うま味が増します。

Day 032　洋食に合うサラダ
たっぷりのパセリが爽快です
トマトのシンプルサラダ

Day 033　アレンジレシピ
トマトをミニトマトにして見た目を変えます
ミニトマトのシンプルサラダ
エネルギー108kcal

「トマトのシンプルサラダ」のトマト2個(300g)→縦半分切ったミニトマト10個(150g)にする。食べる直前にドレッシングに加えてあえ、器に盛って粉チーズ大さじ1をふる。

Day 034

洋食に合うサラダ

見た目がキュート！
マヨネーズのコクが、かににからんでおいしい

かにサラダのトマトカップ

材料(2人分)
トマト……小2個(240g)
かに缶(ほぐし身)……80g
マヨネーズ……大さじ2
塩、こしょう……各少々

エネルギー132kcal

1 トマトは置いたときに安定がよくなるように、底を薄く切り落とす。ヘタから1/4のところを横に切り落とし、中身をスプーンでくり抜いて粗く刻む。かには缶汁をきる。
2 ボウルにトマトの中身とかに、マヨネーズを入れてよく混ぜ、塩、こしょうで味をととのえる。
3 トマトのカップケースに2を詰める。

> スプーンが入りづらい場合は、包丁で切り込みを入れると形がくずれず、きれいにくり抜けます。

Day 035 和食に合うサラダ

滋養もたっぷり。食欲のない日にもオススメ
トマトの山かけサラダ

材料(2人分)
トマト……大1個(200g)
長いも……1/3本弱(120g)
A│めんつゆ(2倍濃縮)……大さじ1・1/2
 │練りわさび……小さじ1/2
刻みのり……適量

エネルギー71kcal

1 トマトはひと口大の乱切りにする。
2 長いもはすりおろす。ボウルに入れ、Aを加えてよく混ぜる。
3 器に1を盛り、2をかけて刻みのりをのせる。

> 断面が大きくなるように乱切りにすると、長いもがからみやすくなります。

part 1 トマト・ミニトマトのサラダ

Day 036 アレンジレシピ
長いもと調味料をもずく酢にしてヘルシーに
トマトのもずく酢サラダ
エネルギー35kcal

「トマトの山かけサラダ」の長いもを1/3本弱(120g)とA→もずく酢(味つき)1パック(70g)にして、刻みのり適量→小口切りにしたみょうが1個にする。

きゅうり

清涼感とみずみずしさが魅力です。切り方のバリエーションで食感の違いが楽しめます。

選び方
できるだけ太さが均一で、イボがピンと張っているものを選ぶ。

栄養
ナトリウムの排出を促すカリウムを多く含み、むくみ解消や血圧を安定させるのに効果的。

おいしい時期
1月	2月	3月	4月	5月	6月	7月	8月	9月	10月	11月	12月

下ごしらえのコツ

苦味のある両端は薄くむく
両端には少し苦味があるので、包丁の刃元でくるりと薄くむいてから使用して。

板ずりをしてイボを取る
表面のイボが気になる場合は塩適量をふり、まな板の上で転がして取り除く。

塩もみをして余分な水分を出す
少量の塩でもむと余分な水分が抜ける。水っぽくならないように水洗いもしなくてOK。

筋をつけると味がなじみやすくなる
フォークの先を強く押し当てながら縦に筋をつけると、味のなじみがよくなる。

保存方法

まるごとの場合
水気に弱いので水気をふき、ポリ袋に入れてヘタが上になるように冷蔵庫に立てて保存する。4〜5日が目安。

カットしたものの場合
ラップで包み、冷蔵庫で保存する。2〜3日が目安。

材料(2人分)
きゅうり……1本(100g)
白菜キムチ……60g
A｜しょうゆ、ごま油……各小さじ1/2
いりごま(白)……小さじ1

エネルギー37kcal

1 きゅうりは千切りにする。キムチは粗く刻む。
2 ボウルにキムチとAを入れ、よく混ぜる。きゅうりを加えてあえ、ごまを加えて混ぜ合わせる。

> きゅうりとなじみやすくなるように、キムチは粗く刻んで。

Day 037　お酒に合うサラダ
ごま油のコクでおいしくまとめます
きゅうりのキムチサラダ

part 1　きゅうりのサラダ

材料(2人分)
きゅうり……2本(200g)
A｜長ねぎ(みじん切り)……1/3本(20g)
　　にんにく(みじん切り)……1/2かけ
　　しょうゆ、酢、ごま油……各小さじ1
　　豆板醤……小さじ1/3

エネルギー33kcal

1 ボウルにAを入れてよく混ぜる。
2 きゅうりはまな板にのせ、すりこ木や瓶でたたいてヒビを入れ、手で食べやすい大きさに細長く割る。
3 1に2を加えてあえる。

> 長ねぎとにんにくを調味料になじませたいので、先にドレッシングを作っておきます。

Day 038　中華に合うサラダ
箸がすすむピリ辛味！
たたききゅうりのねぎサラダ

Day 039　アレンジレシピ
長ねぎをたらこにして、プチッとした食感に
たたききゅうりのたらこサラダ
エネルギー40kcal

「たたききゅうりのねぎサラダ」のA→中身をしごき出したらこ1/2はら(40g)、酢、ごま油各小さじ1、豆板醤小さじ1/3にする。仕上げにしょうゆ小さじ1で味をととのえる。

Day 040 和食に合うサラダ

しょうがの香りがすがすがしい

きゅうりとわかめのしょうが酢サラダ

> わかめは食感を残したいので、ゆでずに水洗いだけでOK。

材料(2人分)
きゅうり……2本(200g)
わかめ(塩蔵)……50g
しょうが……1かけ
塩……小さじ1/3
A | 酢……大さじ1・1/2
　 | 砂糖、しょうゆ……各小さじ2

エネルギー39kcal

1 きゅうりは薄い輪切りにする。ボウルに入れ、塩をふって軽くもみ、きゅうりがしんなりとしたら水気を絞る。
2 わかめはよく洗い、水気を絞って食べやすい大きさに切る。しょうがはみじん切りにする。
3 ボウルにAを入れてよく混ぜ、1と2を加えてあえる。

Day 041 アレンジレシピ

ちりめんじゃこを加えてうま味をアップ

きゅうり、わかめ、じゃこのしょうが酢サラダ

エネルギー47kcal

「きゅうりとわかめのしょうが酢サラダ」のAのしょうゆ小さじ2→しょうゆ小さじ1にする。ちりめんじゃこ大さじ2弱(10g)を加え、きゅうり、わかめ、しょうがと一緒にあえる。

Day 042

洋食に合うサラダ

わさび＋マヨネーズで日本人好みの味
きゅうり、サーモン、アボカドのロミロミ風サラダ

材料(2人分)
きゅうり……1本(100g)
スモークサーモン(刺身用・さく)……80g
アボカド(熟したもの)……1/2個(70g)
A｜マヨネーズ……小さじ2
　　レモン汁……小さじ1
　　しょうゆ……小さじ1/2
　　練りわさび……適量

エネルギー165kcal

1 きゅうりはフォークの先で縦に筋をつけ、7～8mm厚さの半月切りにする。スモークサーモンは1cm角に切る。アボカドは1.5cm角に切る。
2 ボウルにAを入れてよく混ぜ、1を加えてあえる。

サーモンを角切りにすると食べごたえがアップ。さくがない場合は薄切りでもOKです。

part 1 きゅうりのサラダ

ゴーヤ

食欲をアップさせる効果があるので、夏バテ防止にも◎。独特の苦味がマヨネーズやナンプラーとよく合います。

選び方
イボがかたく、密集していて緑色が濃いものを選ぶ。

栄養
苦味成分のモモルデシンには食欲を増進させる働きがある。他血糖値を下げる作用も。ビタミンCも多く、ストレス予防にも。

おいしい時期

1月 2月 3月 4月 5月 **6月 7月 8月 9月** 10月 11月 12月

下ごしらえのコツ

苦味の強いワタと種を取り除く
ワタには強い苦味があるので、種と一緒にスプーンでかき出すように取る。

さっとゆでて苦味をやわらげる
サラダにする場合は約1分ゆでて、苦味を少しやわらげてからあえて。

塩＋砂糖でもんでゆでると苦味が軽減
苦味が苦手な場合は塩、砂糖各々でもんで、そのままゆでるとさらに苦味がやわらぐ。

苦味を生かしたい場合は大きく切る
繊維に沿って縦方向に大きめに切ると苦味が残り、食感も楽しめる。

保存方法

まるごとの場合・カットしたものの場合
ワタの部分から傷むので、縦半分に切ってワタと種を取り、ラップで包んで冷蔵庫で保存する。4〜5日が目安。

Day 043

洋食に合うサラダ

彩りがよく、食卓も華やかになります
ゴーヤとコーンのサラダ

材料(2人分)
ゴーヤ……1/2本(120g)
ホールコーン缶……60g
ハム……3枚
A ポン酢しょうゆ、マヨネーズ
　　……各大さじ1
　砂糖……小さじ1

エネルギー129kcal

1 ゴーヤは縦半分に切ってから横に薄切りにする。鍋に湯を沸かし、ゴーヤを約1分ゆでてザルに上げ、水気をきる。コーンは缶汁をきる。ハムは5mm角に切る。
2 ボウルにAを入れてよく混ぜる。ゴーヤの水気を軽く絞ってから加え、コーンとハムも加えてあえる。

> 仕上がりが水っぽくならないように、缶汁はしっかりときって。

Day 044 アレンジレシピ
コーンとハムをツナにして食感を変えます
ゴーヤとツナのサラダ
エネルギー89kcal

「ゴーヤとコーンのサラダ」のホールコーン缶60gとハム3枚→缶汁をきったツナ缶(水煮)小1缶(80g)にする。

Day 045 お酒に合うサラダ

苦味、辛味、酸味のバランスが絶妙

ゴーヤと大豆もやしのキムチサラダ

材料(2人分)
ゴーヤ……1/2本(120g)
大豆もやし……1/2袋(100g)
白菜キムチ……60g
A マヨネーズ……大さじ1
　砂糖、酢、しょうゆ……各小さじ1/2

エネルギー87kcal

1 ゴーヤは縦半分に切ってから4cm長さの細切りにする。鍋に湯を沸かし、大豆もやし、ゴーヤの順に入れて2〜3分ゆで、ザルに上げて水気をきる。
2 キムチはみじん切りにする。
3 ボウルにAと2を入れてよく混ぜ、1を加えてあえる。

> キムチは小さめに切ることで、ゴーヤと大豆もやしにからみやすくなります。

Day 046

洋食に合うサラダ

チーズがふんわりと香ります
ゴーヤのフリットサラダ

材料(2人分)
ゴーヤ (薄い輪切り)……1/2本(120g)
グリーンリーフ (ちぎる)……2枚(40g)
A 溶き卵……1/2個分
　冷水……大さじ3
　塩……小さじ1/3
B 小麦粉……大さじ6
　粉チーズ……大さじ1
　ベーキングパウダー……小さじ1/4
揚げ油……適量

エネルギー215kcal

1 ボウルにAを入れてよく混ぜ、Bを加えて混ぜ合わせる。
2 揚げ油を170〜180℃に熱し、ゴーヤを1にくぐらせて入れ、3〜4分揚げて取り出し、油をきる。
3 器にグリーンリーフを敷き、2をのせる。

> 油っぽくならないように網などに取り出し、しっかりと油をきって。

Day 047

エスニックに合うサラダ

さっぱりレモン味で、箸休めにも
ゴーヤのベトナム風サラダ

材料(2人分)
ゴーヤ……1/2本(120g)
玉ねぎ……1/4個(40g)
A 赤唐辛子 (小口切り)……1/2本
　レモン汁、ナンプラー……各大さじ1
　砂糖……小さじ2

エネルギー69kcal

1 ゴーヤは縦半分に切ってから横に薄切りにする。鍋に湯を沸かし、ゴーヤを約1分ゆでてザルに上げ、水気をきる。
2 玉ねぎは繊維に沿って薄切りにする。水に5〜10分さらしてザルに上げ、ペーパータオルで包んで軽く水気を絞る。
3 ボウルにAを入れてよく混ぜる。1の水気を軽く絞ってから加え、2も加えてあえる。そのまま約10分おいて味をなじませる。

> ゴーヤから水分が出ないように、イボがくずれない程度の強さで水気を絞ってから加えて。

なす

味にクセがなく、しっとりやわらかな弾力があります。塩もみや加熱をすることで、味なじみがグンとよくなります。

選び方
ふっくらとしていて弾力があり、ツヤがあるものを選ぶ。

栄養
皮に含まれるナスニンには動脈硬化や老化を防ぐ働きがあり、眼精疲労にも効果的。カリウムも豊富で、高血圧予防にも。

おいしい時期
1月 2月 3月 4月 5月 6月 7月 8月 9月 10月 11月 12月

下ごしらえのコツ

かたいガクは手でむく
ヘタのつけ根を切り落とし、かたいガクの部分は手でくるりとむいて。

ラップで包んで加熱すると変色防止に
1本ずつラップで包んでからレンジ加熱すると色が抜けにくくなる。

うま味が逃げないように冷ます
レンジ加熱したら、うま味が逃げないようにラップをしたまま水にさらして冷ます。

裂くと凹凸ができて味がなじみやすい
手で縦に裂くと、断面に凹凸ができてドレッシングがからみやすくなる。

保存方法

まるごとの場合
冷気と乾燥が苦手なのでペーパータオルで1本ずつ包み、ポリ袋に入れて冷蔵庫で保存する。温度が下がりすぎないように、扉の開閉口近くがオススメ。4〜5日が目安。

Day 048

にんにく&豆板醤でパンチをきかせます

なすの肉みそサラダ

中華に合うサラダ

材料(2人分)
なす……2本(120g)
豚ひき肉(赤身)……120g
ごま油……小さじ1
A│サラダ油……小さじ1
　│にんにく(みじん切り)……1かけ
　│しょうが(みじん切り)……1/2かけ
B│みそ……大さじ1弱
　│みりん……小さじ2
　│しょうゆ、酒……各小さじ1
　│豆板醤……小さじ1/2
水……1/4カップ
水溶き片栗粉(片栗粉小さじ1+水小さじ2)
……大さじ1
青ねぎ(小口切り)……2本

エネルギー238kcal

1 なすは1本ずつラップで包んで耐熱皿にのせ、電子レンジで約1分加熱する。ラップをしたまま水にさらし、粗熱が取れたら1.5cm厚さの輪切りにする。
2 フライパンにごま油を中火で熱し、1の両面を焼く。焼き色がついたら器に盛る。
3 2のフライパンをペーパータオルでさっとふいて、Aを中火で炒める。香りが立ったらひき肉を加えて炒め合わせ、Bを加えて炒め合わせる。水を加えて煮立て、水溶き片栗粉を加える。とろみがついたら2にかけ、青ねぎを散らす。

電子レンジで加熱してあるので、少ない油でも色よく焼き上がります。

材料(2人分)
なす……2本(120g)
きゅうり……1本(100g)
塩……小さじ1/2
A│オリーブ油……小さじ2
 │酢……大さじ1/2
 │しょうゆ、砂糖……各小さじ1/2

エネルギー62kcal

1 なすは縦半分に切ってから斜め薄切りにする。きゅうりは薄い輪切りにする。
2 ボウルに1を入れ、塩をふって軽くもむ。水分が出てきたら、しっかりと水気を絞ってボウルに戻す。
3 2にAを加え、よくあえる。

> 味がぼやけないように適量ずつ取って両手で絞り、よく水気をきって。

Day 049　和食に合うサラダ
なすはしんなり、きゅうりはシャキシャキ
なすの塩もみサラダ

材料(2人分)
なす……3本(180g)
A│しょうゆ……大さじ1
 │しょうが(すりおろす)、砂糖、酒、
 │ごま油、酢……各小さじ1
 │豆板醤……小さじ1/3
青じそ(千切り)……4枚

エネルギー56kcal

1 なすは電子レンジで約2分40秒加熱して粗熱を取り(P51・1参照)、縦に細く裂く。器に盛り、冷蔵庫で冷やす。
2 ボウルにAを入れてよく混ぜ、食べる直前に1にかけて青じそをのせる。

> 冷やしたほうが、ドレッシングをかけたときに味がよくなじみます。

Day 050　お酒に合うサラダ
ピリ辛のしょうがじょうゆで食べやすい!
なすのリャンバン

Day 051 アレンジレシピ
ドレッシングを和風にしてさっぱりと
なすのポン酢サラダ
エネルギー29kcal

「なすのリャンバン」のA→ポン酢しょうゆ大さじ2、しょうが(すりおろす)小さじ2にして、青じそ(千切り)4枚→千切りにしたみょうが1個にする。

52

Day 052 和食に合うサラダ

甘酸っぱいトマトがよくしみておいしい
揚げなすのトマトサラダ

材料（2人分）
なす……2本（120g）
A｜ トマト（7～8mm角）……小1個（120g）
　｜ しょうが（すりおろす）……1かけ
　｜ めんつゆ（2倍濃縮）……小さじ4
　｜ 酢……小さじ2
揚げ油……適量

エネルギー118kcal

1 ボウルにAを入れ、よく混ぜる。
2 なすは縦4つ割りにしてから長さを半分に切る。
3 揚げ油を170℃（菜箸を入れ、箸全体から細かい泡が出てくるのが目安）に熱し、2を1～2分揚げる。薄く色づいたら、取り出して油をきる。なすが熱いうちに1に加え、よく混ぜ合わせる。

> 冷蔵庫から出したてのなすを使用すると表面に水滴が出てくるので、揚げるときは室温に戻してから切って。

Part 1 なすのサラダ

Day 053 アレンジレシピ
ドレッシングをおろしポン酢にしてあっさり味に
揚げなすのおろしサラダ
エネルギー106kcal

「揚げなすのトマトサラダ」のAは除く。揚げたなすを器に盛り、すりおろした大根80gをのせてポン酢しょうゆ大さじ2をかけ、七味唐辛子少々をふる。

Column

忙しい朝でもすぐ！
パパッと作れる
スピードサラダ

少ない材料であっという間に作れる、
朝にうれしいサラダです。
おにぎりやパンがあれば、充実した朝ご飯に！

Day 054
トマトと
しらすのサラダ
→ 作り方はP56

Day 055
大根のゆかり粉あえサラダ
→ 作り方はP56

Day 056
きゅうりの
ライタ風サラダ
→作り方はP57

Day 057
ベビーリーフと
ミックスナッツのサラダ
→作り方はP57

Day 054

(和食に合うサラダ)

青じそとごま油の香りで食欲がアップ
トマトとしらすのサラダ

材料（2人分）
トマト……1個（150g）
青じそ……4枚
しらす干し……大さじ3（30g）
A│ごま油……小さじ1
　│しょうゆ……小さじ1／2

エネルギー51kcal

1 トマトは6～8等分のくし形に切る。青じそは千切りにする。
2 ボウルにAを入れてよく混ぜ、1としらすを加えてあえる。

> 大きめに切るとくずれにくく、しらす、青じそと一緒に食べやすくなります。

Day 055

(和食に合うサラダ)

あっさりとしていて、ご飯にもぴったりです
大根のゆかり粉あえサラダ

材料（2人分）
大根……150g
塩……小さじ1／3
ゆかり粉……小さじ1

エネルギー19kcal

1 大根は2～3mm厚さのいちょう切りにする。
2 ボウルに1を入れて塩をふって軽くもみ、しんなりとしたら水気を絞ってボウルに戻す。ゆかり粉を加え、よくあえる。

> 手でギュッと絞って、余分な水分と塩分を取り除いて。

56

Day 056

洋食に合うサラダ

ヨーグルトとレモンでさわやか！

きゅうりのライタ風サラダ

材料（2人分）
きゅうり……1本（100g）
A｜プレーンヨーグルト……1/3カップ
　｜レモン汁、オリーブ油……各小さじ1
　｜塩……小さじ1/3

エネルギー48kcal

1 きゅうりはフォークの先で縦に筋をつけ、5mm厚さの輪切りにする。
2 ボウルにAを入れてよく混ぜ、1を加えてさっくりと混ぜ合わせる。食べる直前まで冷蔵庫で冷やす。

> フォークを押し当てながら筋をつけると、味がしみ込みやすくなります。

Day 057

洋食に合うサラダ

バルサミコ酢で味を締めます

ベビーリーフとミックスナッツのサラダ

材料（2人分）
ベビーリーフ……大1パック（40g）
A｜バルサミコ酢……小さじ2
　｜塩、こしょう……各少々
オリーブ油……小さじ1
ミックスナッツ
　（ローストしたもの・加塩）……20g

エネルギー91kcal

1 ベビーリーフは冷水に5〜10分さらしてザルに上げ、水気をふく。
2 ボウルにAを入れてよく混ぜ、1を加えて軽く混ぜ合わせる。オリーブ油を回し入れてさっと混ぜ合わせ、器に盛ってミックスナッツを散らす。

> 最後にオリーブ油を加え、軽く混ぜて風味をつけて。

かぼちゃ

しっとり＆ホクホクが女性に人気！さっぱり系、濃厚系ドレッシングとも相性抜群です。

選び方
ずっしりとした重みがあり、皮がかたくてヘタが乾燥しているものを選ぶ。

栄養
免疫力を高め、シミの予防にも効果的なβ-カロテンが豊富。抗酸化作用のあるビタミンC、Eも多く含まれている。

おいしい時期
1月	2月	3月	4月	5月	6月	7月	8月	9月	10月	11月	12月
					●	●	●	●	●		

下ごしらえのコツ

ワタと種はスプーンで取り除く
口当たりの悪いワタと種は、スプーンでかき出すように取り除いて。

45°の角度で切るとスムーズ
切りづらい場合は包丁を45°の角度に入れて、まっすぐ下ろすとスムーズに切れる。

水をふって加熱するとふっくら
水をふり、ふんわりとラップをしてレンジ加熱すると、ふっくら、ホクホクに。

温かいうちに混ぜると味がなじむ
レンジ加熱したら、温かいうちにドレッシングと混ぜると、味が入りやすくなる。

保存方法

まるごとの場合
新聞紙で包み、風とおしのよい涼しい場所で保存する。1～2カ月が目安。

カットしたものの場合
ワタと種を取り除き、傷みやすいワタのあった部分をペーパータオルで覆ってからラップで包んで冷蔵庫で保存する。4～5日が目安。

材料(2人分)
かぼちゃ……1/6個強(160g)
ハム……3枚
ごま油……小さじ1
A │ 練りごま(白)、マヨネーズ
　　……各小さじ2
　　ポン酢しょうゆ……大さじ1/2

エネルギー194kcal

1 かぼちゃは3〜5cm長さの細切りにする。ハムは半分に切ってから細切りにする。
2 フライパンにごま油を中火で熱し、1を炒める。全体に油が回ったら、ふたをして1〜2分蒸し焼きにして、Aを加えてからめる。

生っぽくならないように蒸し焼きにして、全体に火をとおします。

Day 058　和食に合うサラダ
練りごまとマヨネーズでまろやかさをプラス
かぼちゃのごまポン酢サラダ

材料(2人分)
かぼちゃ……1/5個(180g)
水……大さじ1
A │ プレーンヨーグルト……大さじ2
　　粒マスタード……大さじ1/2
　　はちみつ……小さじ1
　　塩、こしょう……各少々

エネルギー112kcal

1 かぼちゃはひと口大に切る。耐熱ボウルに入れて水をふり、ふんわりとラップをして電子レンジで2分30秒〜3分加熱する。
2 ボウルにAを入れてよく混ぜ、1の水気をきってから加えて、かぼちゃを少しくずすように混ぜ合わせる。

ベチャッとならないように、余分な水分をきってから加えて。

Day 059　洋食に合うサラダ
粒マスタードが印象的！少し大人の味わいです
かぼちゃのヨーグルトサラダ

Day 060　アレンジレシピ
ドレッシングをクリームチーズにして濃厚に
かぼちゃのクリームチーズサラダ
エネルギー201kcal

「かぼちゃのヨーグルトサラダ」のA→室温に戻したクリームチーズ1・1/2個(30g)、粗く刻んだくるみ(ローストしたもの・無塩)20gにする。

part 1　かぼちゃのサラダ

Day 061 洋食に合うサラダ

かくし味のしょうゆで味を締めます
かぼちゃとえびのマリネサラダ

> 熱いうちに漬けると味がなじみやすい！

材料(2人分)
- かぼちゃ……1/6個弱(140g)
- 玉ねぎ……1/6個(30g)
- むきえび(背ワタを取る)……100g
- A
  - 酢……大さじ2
  - はちみつ……小さじ2
  - しょうゆ……小さじ1/2
  - 塩……小さじ1/4
- オリーブ油……大さじ1

エネルギー195kcal

1 かぼちゃは7mm厚さのくし形に切る。玉ねぎは繊維を断つように薄切りにする。
2 ボウルにAを入れてよく混ぜる。
3 フライパンにオリーブ油と玉ねぎを入れて中火で炒める。あいたところに、かぼちゃを重ならないように並べてふたをし、弱めの中火で2～3分蒸し焼きにする。
4 3にえびを加え、さらに1～2分蒸し焼きにする。熱いうちに2に加え、10～20分漬ける。

Day 062 アレンジレシピ
カレー粉を加えてスパイシーにします
かぼちゃとえびのカレーマリネサラダ

エネルギー201kcal

「かぼちゃとえびのマリネサラダ」のAにカレー粉小さじ1/2を加える。

Day 063

和食に合うサラダ

ゆずこしょうの香りがさわやか！
揚げかぼちゃのサラダ

薄く切って揚げるとカリッとし、食感のアクセントに。

材料(2人分)
かぼちゃ……1/7個(120g)
グリーンリーフ……2枚(40g)
トマト……1/2個(70g)
ゆずこしょうドレッシング(P253参照)
　……大さじ1・1/2
揚げ油……適量

エネルギー129kcal

1 かぼちゃは3〜4mm厚さのくし形に切る。グリーンリーフはひと口大にちぎって冷水に5〜10分さらし、ザルに上げて水気をふく。トマトは1cm角に切る。
2 ボウルにゆずこしょうドレッシングを入れ、トマトを加えて混ぜ合わせる。
3 揚げ油を170〜180℃(菜箸を入れ、箸全体から細かい泡が出てくるのが目安)に熱し、かぼちゃを1〜2分揚げる。カラリとしたら、取り出して油をきる。
4 器に3とグリーンリーフを盛り合わせ、2をかける。

part 1　かぼちゃのサラダ

ズッキーニ

油との相性がよいですが、生でも食べられます。かぼちゃの仲間で、ほんのりとした甘味があります。

選び方
ツヤがあり、できるだけ太さが均一のものを選ぶ。

栄養
β-カロテン、ビタミンCを多く含み、抗酸化作用やかぜ予防効果、血管や皮膚を丈夫にする働きがある。

おいしい時期

1月 2月 3月 4月 5月 6月 7月 8月 9月 10月 11月 12月

下ごしらえのコツ

皮はむかずに切ったほうがおいしい
皮をむいてしまうと食感にメリハリがなくなるので、そのまま切って調理して。

千切りにすれば生でも食べられる
細く切れば生でも食べることができる。水気が出やすいので、すぐにあえて。

粗くすりおろして食感を残す
目の粗いおろし器を使用すると、ズッキーニの食感も楽しめる。

保存方法

まるごとの場合
新聞紙で包んでポリ袋に入れ、冷蔵庫で保存する。4～5日が目安。

カットしたものの場合
ラップで包み、冷蔵庫で保存する。3～4日が目安。

Day 064 洋食に合うサラダ

にんにくたっぷりで風味抜群!
ズッキーニのグリルサラダ

材料(2人分)
ズッキーニ……1本(180g)
にんにく……4かけ
オリーブ油……大さじ1
塩……小さじ1/3
こしょう……少々

エネルギー95kcal

1 ズッキーニは縦4つ割りにしてから長さを半分に切る。にんにくは薄皮をむく。
2 ボウルに1を入れてオリーブ油を回しかけ、塩、こしょうをふって全体にからめる。
3 魚焼きグリルにアルミ箔を敷き、2を並べて中火で7〜8分焼く(両面焼きグリルの場合。片面焼きグリルの場合は途中で裏返して約10分焼く)。途中、焦げそうな場合はアルミ箔をかぶせる。

> オリーブ油をからめておくと火がとおりやすくなり、焼きムラがなくなります。

part 1 ズッキーニのサラダ

Day 065 （エスニックに合うサラダ）

生のみずみずしい食感を堪能！

ズッキーニとセロリのソムタム風サラダ

材料（2人分）
- ズッキーニ……1/2本（90g）
- セロリ……1/2本（60g）
- A | 赤唐辛子（小口切り）……1/2本
    | ナンプラー、レモン汁……各大さじ1
    | 砂糖……小さじ1
- バターピーナッツ（刻む）……10g

エネルギー50kcal

1 ズッキーニとセロリは千切りにする。
2 ボウルにAを入れてよく混ぜ、1を加えて、もむように混ぜ合わせる。器に盛り、バターピーナッツを散らす。

> 水っぽくなりやすいので混ぜ合わせたら器に盛り、すぐにいただきます。

Day 066 アレンジレシピ
セロリをにんじんにして彩りを加えます

ズッキーニとにんじんのソムタム風サラダ
エネルギー55kcal

「ズッキーニとセロリのソムタム風サラダ」のセロリ1/2本（60g）→千切りにしたにんじん1/4本（50g）にする。

材料(2人分)
ズッキーニ……1本(180g)
ソフトさきいか……30〜40g
ごま油……小さじ1
A | 砂糖、酒……各大さじ1
　| コチュジャン……小さじ2

エネルギー123kcal

1 ズッキーニは縦半分に切ってから斜め薄切りにする。さきいかは食べやすい大きさに切る。
2 フライパンにごま油を中火で熱し、ズッキーニをさっと炒める。全体に油が回ったら、Aを加えてからめる。調味料がとろっとしてきたら火を止め、さきいかを加えて混ぜ合わせる。

> 食感を残したいので、火をとおしすぎないように気をつけて。

Day 067
（中華に合うサラダ）

ピリ辛味でご飯にも合います

ズッキーニとさきいかのサラダ

part 1 ズッキーニのサラダ

材料(2人分)
ズッキーニ……1本(180g)
にんにく(すりおろす)……小さじ1
オリーブ油……大さじ1
塩……小さじ1/3
こしょう……少々
プレーンヨーグルト……大さじ2〜3

エネルギー79kcal

1 ズッキーニは粗くすりおろす。
2 フライパンにオリーブ油とにんにく、1を入れ、中火で炒める。香りが立ったら塩、こしょうを加えて混ぜ、火を止める。
3 2をボウルに移し、粗熱が取れたらヨーグルトを加えて混ぜ合わせる。食べる直前まで冷蔵庫で冷やす。

> よく冷やすことで、味が引き締まります。

Day 068
（お酒に合うサラダ）

ヨーグルト入りであと味さっぱり

ズッキーニディップ

ピーマン・パプリカ

唐辛子の仲間ですが、辛味がないのでサラダに向いています。

バプリカ
ピーマン

選び方
肉厚でハリとツヤがあり、色が鮮やかなものを選ぶ。

栄養
β-カロテン、ビタミンCが豊富で抗酸化作用が高く、老化やかぜ予防にも。高血圧予防が期待できるカリウムも多い。

おいしい時期

	1月	2月	3月	4月	5月	6月	7月	8月	9月	10月	11月	12月
ピーマン						■	■	■	■	■		
パプリカ						■	■	■	■	■		

下ごしらえのコツ

かたいヘタと苦味のある種は取り除く
ヘタはかたく、種には苦味があるので、縦半分に切ってから取り除いて。

白い筋を取り除くと歯触りがよくなる
内側の白い筋を削ぎ取ると、歯触りがよくなる。ピーマンの場合は苦味も軽減する。

外側を下にすると切りやすい
パプリカは外側の面を下にして切ると包丁がスッと入り、細切りにするのもスムーズ。

加熱すると甘味が増し、味がなじむ
レンジ加熱すると甘味が引き出され、味がしみ込みやすくなる。

保存方法

まるごとの場合
水気に弱いので水気をふき、ペーパータオルで包んでポリ袋に入れ、冷蔵庫で保存する。約1週間が目安。

カットしたものの場合
内側が傷みやすいのでヘタと種を取り除き、切り口をペーパータオルで覆ってからラップで包んで冷蔵庫で保存する。2～3日が目安。

Day 069

中華に合うサラダ

たっぷりのすりごまがやさしく味をまとめます

ピーマンとパプリカの春雨サラダ

材料(2人分)
- ピーマン……2個(80g)
- パプリカ(赤)……1/3個(60g)
- 春雨(乾燥)……25g
- A │ 酢、すりごま(白)……各大さじ2
    砂糖……大さじ1/2
    しょうゆ……小さじ1
    鶏ガラスープの素(顆粒)
      ……小さじ1/2
    塩、こしょう……各少々

エネルギー118kcal

1 ピーマンは縦半分に切ってヘタと種を取り除き、縦に千切りにする。パプリカは斜め薄切りにする。春雨はキッチンバサミで長さを半分に切る。
2 鍋に湯を沸かし、春雨を入れる。再び沸騰したらピーマンとパプリカを加え、約1分ゆでてザルに上げ、しっかりと水気をきる。
3 ボウルにAを入れてよく混ぜ、2を加えてあえる。

ドレッシングをよく混ぜてから具を加え、味がなじむようにしっかりとあえて。

part 1 ピーマン・パプリカのサラダ

Day 070 （洋食に合うサラダ）

マーマレードの甘味で奥行きのある味に

パプリカのマーマレードマリネ

材料（2人分）
パプリカ（赤・黄）……各1/2個（各80g）
A｜マーマレード……大さじ1
　｜酢、オリーブ油、粒マスタード
　｜　……各小さじ2
　｜塩……小さじ1/4

エネルギー107kcal

1 パプリカは縦に1cm幅に切る。耐熱ボウルに入れてふんわりとラップをし、電子レンジで1分30秒～2分加熱する。
2 ボウルにAを入れてよく混ぜる。1を加えて、ときどき混ぜながら粗熱を取る。冷蔵庫に約20分おいて味をなじませる。

> 冷やしながら、味をゆっくりとしみ込ませます。

Day 071 アレンジレシピ

マーマレードをはちみつにしてやさしい甘さに

パプリカのはちみつチーズマリネ

エネルギー110kcal

「パプリカのマーマレードマリネ」のAのマーマレード大さじ1→はちみつ小さじ2、粒マスタード小さじ2→粉チーズ小さじ2にする。

68

Day 072

和食に合うサラダ

削り節のうま味と風味が格別です

ピーマンの焼き浸しサラダ

材料(2人分)
ピーマン……4個(160g)
A 水……大さじ1
　しょうゆ……大さじ1弱
　みりん……大さじ1/2
　削り節……小1袋(4g)
ごま油……大さじ1/2
しょうが(すりおろす)……小さじ2

エネルギー69kcal

1 ピーマンは種ごとヘタを引き抜く。
2 ボウルにAを入れてよく混ぜる。
3 フライパンにごま油を中火で熱し、1を転がしながら焼く。ふたをして弱火で5〜6分蒸し焼きにする。2に加えて混ぜ、器に盛ってしょうがをのせる。

> 焦がさないように、弱火でゆっくりと蒸し焼きにして全体に火をとおして。

材料(2人分)
パプリカ(赤・黄)……各1/2個(各80g)
ツナ缶(油漬け)……小1缶(80g)
A スイートチリソース、レモン汁
　　……各大さじ1
　砂糖、ナンプラー……各小さじ1

エネルギー152kcal

1 パプリカは縦に細切りにする。耐熱ボウルに入れてふんわりとラップをし、電子レンジで1分30秒〜2分加熱する。
2 ボウルにAを入れてよく混ぜる。ツナを缶汁ごと加えて混ぜ合わせ、1を加えてあえる。

> ツナは缶汁ごと加え、コクとうま味をプラス！

Day 073

エスニックに合うサラダ

ナンプラーをきかせてアジアンテイストに

パプリカとツナのスイートチリサラダ

Day 074 アレンジレシピ

ツナを厚揚げにして食べごたえをアップ

パプリカと厚揚げのスイートチリサラダ

エネルギー78kcal

「パプリカとツナのスイートチリサラダ」のツナ缶(油漬け)小1缶(80g)→細切りにした厚揚げ1/3枚(60g)にして、パプリカと一緒にレンジ加熱する。Aのナンプラー小さじ1→ナンプラー小さじ2にする。

さやいんげん

選び方
緑色が鮮やかでハリがあり、できるだけ太さが均一なものを選ぶ。

栄養
必須アミノ酸のリジンが新陳代謝や集中力を高め、疲労回復にも役立つ。β-カロテンが豊富で、動脈硬化や老化予防効果も。

おいしい時期

| 1月 | 2月 | 3月 | 4月 | 5月 | 6月 | 7月 | 8月 | 9月 | 10月 | 11月 | 12月 |

少し弾力のある歯触りが持ち味です。マヨネーズやバター、スパイスと相性ぴったり。

下ごしらえのコツ

かたいヘタを折ってから調理する
ヘタの部分はかたいので、手でポキッと折ってから調理して。

先端が気になる場合は切り落とす
先端のピンとしている部分の口当たりが気になる場合は、切り落としてもOK。

食感がよくなるように、ゆでてから切る
切ってからゆでると水っぽく、食感も悪くなるので、ゆでてから切るのがオススメ。

ザルに上げて冷ます
ゆでたら水にとらずにザルに上げ、水気をきって冷ますと水っぽくならない。

保存方法

まるごとの場合
ポリ袋に入れ（またはラップで包む）、冷蔵庫で保存する。3〜4日が目安。

Day 075 お酒に合うサラダ
レモン&カレー粉ですっきりスパイシー
さやいんげんのカレー風味サラダ

材料(2人分)
さやいんげん……約20本(120g)
A │ カレー粉……小さじ1
  │ 水……小さじ1/2
B │ オリーブ油……小さじ2
  │ 塩……小さじ1/3
  │ にんにく(みじん切り)……1かけ
レモン(くし形切り・国産)……1切れ

エネルギー62kcal

1 さやいんげんは3〜4cm長さの斜め切りにする。Aは混ぜ合わせておく。
2 フライパンにBを入れ、中火で炒める。香りが立ったら、1を加えて炒め合わせ、さやいんげんが少ししんなりとしたら器に盛って、レモンを添える。

> カレー粉を水で溶いておけばダマにならず、炒めムラもなし！

Day 076 洋食に合うサラダ
ドレッシングに玉ねぎを加えて甘味をプラス！
さやいんげんとカリカリベーコンのサラダ

材料(2人分)
さやいんげん……約20本(120g)
A │ オリーブ油……小さじ1
  │ ベーコン(5mm幅)……2枚
水……大さじ1
B │ フレンチドレッシング(P250参照)、
  │ 玉ねぎ(すりおろす)……各大さじ1
  │ マスタード……小さじ1

エネルギー151kcal

1 フライパンにAを入れて弱めの中火で炒め、ペーパータオルに取り出す。
2 1のフライパンを中火で熱し、さやいんげんを炒める。水を加えてふたをし、1〜2分蒸し焼きにする。器に盛り、混ぜたBをかけて1を散らす。

> 油っぽくならないように、ベーコンの余分な脂をきっておきます。

Day 077 アレンジレシピ
ベーコンをちりめんじゃこにして食感を変えます
さやいんげんとカリカリじゃこのサラダ

エネルギー85kcal

「さやいんげんとカリカリベーコンのサラダ」のAのベーコン(5mm幅)2枚→ちりめんじゃこ大さじ2強(15g)にする。

Day 078 洋食に合うサラダ

鮭のうま味を生かしたまったりソースが美味

さやいんげんの鮭マヨサラダ

材料(2人分)
さやいんげん……約16本(100g)
鮭缶(水煮)……小1缶(90g)
A│マヨネーズ……大さじ1・1/2
 │しょうゆ、レモン汁……各小さじ1/2

エネルギー142kcal

1 鍋に湯を沸かし、さやいんげんを2〜3分ゆでてザルに上げ、水気をきる。粗熱が取れたら、長さを2〜3等分に切る。鮭は缶汁をきる。
2 ボウルに鮭を入れてほぐし、Aを加えて軽く混ぜる。さやいんげんを加えてあえる。

仕上がりがベチャッとならないように、缶汁はよくきっておきます。

Day 079 アレンジレシピ

鮭缶をかに缶にして風味を変えます

さやいんげんのかにマヨサラダ

エネルギー106kcal

「さやいんげんの鮭マヨサラダ」の鮭缶(水煮)小1缶(90g)→かに缶(ほぐし身)90gにする。

Day 080 洋食に合うサラダ

バターのコクと風味がたまりません

さやいんげんのアーモンドバターサラダ

材料（2人分）
さやいんげん……約20本（120g）
アーモンドスライス……20g
バター……10g
塩、こしょう……各少々

エネルギー112kcal

1 さやいんげんは長さを半分に切る。
2 フライパンにバターを中火で溶かし、1とアーモンドを炒める。さやいんげんが少ししんなりとしたら、塩、こしょうで味をととのえる。

> 食感のアクセントになるようにアーモンドをカリッとさせます。

part 1 さやいんげんのサラダ

オクラ

淡泊な味で、粘り気があります。チーズやマヨネーズと組み合わせて、しっかり味のサラダに。

選び方
細かいうぶ毛が密集し、鮮やかな緑色でハリのあるものを選ぶ。

栄養
ネバネバ成分のペクチンには糖の消化吸収をゆるやかにする働きや、コレステロール値を下げる効果がある。

おいしい時期
1月	2月	3月	4月	5月	6月	7月	8月	9月	10月	11月	12月
						●	●	●	●		

下ごしらえのコツ

舌触りがよくなるようにうぶ毛を取る
塩適量をふって転がし（板ずり）、表面のうぶ毛を取り除くと、舌触りがよくなる。

かたいガクはぐるりとむく
ガク（ヘタに近い少し角ばったところ）はかたいので、包丁で薄くぐるりとむいて。

さっとゆでて、えぐ味を取り除く
オクラには少しえぐ味があるので、1〜2分ゆでて取り除く。

すぐに冷水にとって冷ます
余熱でも火がとおるので、ゆでたらすぐに冷水で冷ます。色も鮮やかになる。

保存方法

まるごとの場合
乾燥と低温に弱いので、ペーパータオルで包んでからポリ袋に入れ、冷蔵庫で保存する。3〜4日が目安。

Day 081 お酒に合うサラダ

削り節とチーズで和と洋のおいしいコラボ！
オクラとチーズのおかかあえ

材料（2人分）
オクラ……8本（80g）
プロセスチーズ……2個（40g）
削り節……小1袋（3g）
塩……適量
A │ しょうゆ……小さじ1強
　　│ みりん……小さじ1/2

エネルギー91kcal

1 オクラは塩をふって板ずりをし、ガクをむく。鍋に湯を沸かしてオクラを1〜2分ゆで、冷水にとって冷ます。ザルに上げて水気をきり、2cm厚さの斜め切りにする。プロセスチーズは棒状になるように縦に4〜5等分に切る。
2 ボウルにAを入れてよく混ぜ、1と削り節を加えてあえる。

> 削り節がかたまりにならないように、よく混ぜて全体に行き渡らせて。

part 1 オクラのサラダ

Day 082 アレンジレシピ
梅干しを加えてさっぱりとさせます
オクラとチーズの梅おかかあえ
エネルギー92kcal

「オクラとチーズのおかかあえ」のAに細かくたたいた梅干し1個（12g）を加え、Aのしょうゆ小さじ1強→しょうゆ小さじ1/2強にする。

Day 083 中華に合うサラダ

鶏ガラスープのうま味がきいています
オクラのねぎだれサラダ

材料(2人分)
オクラ……8本(80g)
長ねぎ(みじん切り)……1/3本(20g)
塩……適量
湯……大さじ1
鶏ガラスープの素(顆粒)……小さじ1
A ｜ ごま油……小さじ2
　　しょうが(すりおろす)、いりごま(白)
　　　……各小さじ1
　　砂糖……小さじ1/2

エネルギー66kcal

1 オクラは塩をふり、板ずりをしてゆでて冷まし、水気をきる(P75・1参照)。
2 ボウルに湯を入れ、鶏ガラスープの素を加えて溶かす。Aを加えてよく混ぜ、長ねぎを加えて混ぜ合わせる。
3 器に1を盛り、2をかける。

> オクラを切らずにまるごと器に盛れば、食べごたえのあるサラダに。

材料(2人分)
オクラ……8本(80g)
塩……適量
A ｜ マヨネーズ……小さじ4
　　しょうゆ……小さじ1
　　練りわさび……小さじ1/2
いりごま(黒)……適量

エネルギー73kcal

1 オクラは塩をふり、板ずりをしてゆでて冷まし、水気をきって(P75・1参照)、斜め半分に切る。
2 ボウルにAを入れてよく混ぜ、1を加えてあえる。器に盛り、ごまをふる。

> 断面が大きくなるように切ると、ドレッシングがからみやすい！

Day 084 和食に合うサラダ

ちょっぴり大人向けの味！お酒にも合います
オクラのわさびマヨサラダ

Day 085 アレンジレシピ

わさびを七味唐辛子にして辛味をきかせます
オクラの七味マヨサラダ

エネルギー70kcal

> 「オクラのわさびマヨサラダ」のAの練りわさび小さじ1/2→七味唐辛子小さじ1/3にする。

76

Day 086

和食に合うサラダ

梅とめんつゆが絶妙のマッチング

ささ身の梅オクラだれサラダ

材料(2人分)
オクラ……6本(60g)
鶏ささ身……3本(150g)
梅干し……1個(12g)
片栗粉……小さじ2
塩……適量
A | めんつゆ(2倍濃縮)……大さじ1
　| ごま油、酢……各小さじ1/2

エネルギー117kcal

1 ささ身は筋を取り除き、ひと口大のそぎ切りにして片栗粉をまぶす。鍋に湯を沸かし、ささ身を2〜3分ゆでてザルに上げ、水気をきる。
2 オクラは塩をふって板ずりをし、ガクをむく。鍋に湯を沸かしてオクラを1〜2分ゆで、冷水にとって冷ます。ザルに上げて水気をきり、粗く刻む。梅干しは種を取り、包丁で細かくたたく。
3 ボウルに2とAを入れてよく混ぜる。
4 器に1を盛り、3をかける。

> ささ身に片栗粉をまぶすと、しっとりとしたゆで上がりになります。

part 1 オクラのサラダ

枝豆

塩ゆでして、そのまま食べるだけじゃもったいない！ひと手間加えるだけで、おしゃれなサラダに大変身します。

選び方
きれいな緑色で適度にふくらみがあり、うぶ毛があるものを選ぶ。

栄養
良質なたんぱく質やカルシウム、ビタミンCを多く含む。女性ホルモンをサポートするイソフラボンも豊富。

おいしい時期
1月 2月 3月 4月 5月 6月 **7月 8月 9月 10月** 11月 12月

下ごしらえのコツ

端を切り落とすと早くゆで上がる
ヘタの少し下を切り落としておくと早く火がとおり、塩味もしっかりとつく。

うぶ毛を取り除き、口当たりをよくする
塩をふって手でよくもみ、うぶ毛を取り除いておくと、口当たりがよくなる。

薄皮を取り除くと、舌触りがなめらか
ゆでてさやから取り出した豆は、さらに薄皮をむくと舌触りがよくなる。

保存方法

まるごとの場合
ポリ袋に入れて冷蔵庫で保存する。1〜2日が目安。甘味も栄養もどんどん落ちるので、買ってきたらなるべく早くゆでる。

Day 087

洋食に合うサラダ

クリームチーズがいいつなぎ役！
枝豆と鮭のパセリサラダ

材料(2人分)
枝豆……さやつきで150g(豆は60g)
パセリ……1枝(10g)
鮭缶(水煮)……小1缶(90g)
塩……小さじ3/4
A｜クリームチーズ(室温に戻す)
　　……1個(20g)
　｜マヨネーズ……小さじ1
　｜塩、こしょう……各少々

エネルギー150kcal

1 枝豆はボウルに入れて塩をふり、よくもんでうぶ毛を取る。鍋に湯を沸かして枝豆(塩はつけたまま)を7～8分ゆで、ザルに上げて水気をきる。粗熱が取れたら、豆を取り出して薄皮をむく。パセリはみじん切りにする。
2 鮭は缶汁をきる。
3 ボウルにAを入れてよく混ぜ、2を加えて混ぜ合わせる。1を加えてあえる。

鮭は缶汁をきったあとにほぐしておくと、より混ざりやすくなります。

part 1 枝豆のサラダ

Day 088 アレンジレシピ
鮭缶をツナ缶にして風味を変えます
枝豆とツナのパセリサラダ
エネルギー119kcal

「枝豆と鮭のパセリサラダ」の鮭缶(水煮)小1缶(90g)→缶汁をきったツナ缶(水煮)小1缶(80g)にする。

Day 089 和食に合うサラダ

コリコリ&ポリポリが楽しい!
枝豆とたくあんのサラダ

> 青じそは最後に加えて香りを立たせて。

材料(2人分)
枝豆……さやつきで150g(豆は60g)
たくあん……50g
きゅうり……1/2本(50g)
青じそ……4枚
塩……小さじ3/4
ごま油……小さじ1
しょうゆ……少々

エネルギー71kcal

1 枝豆はボウルに入れて塩をふり、よくもんでうぶ毛を取る。鍋に湯を沸かして枝豆(塩はつけたまま)を7〜8分ゆで、ザルに上げて水気をきる。粗熱が取れたら、豆を取り出して薄皮をむく。
2 たくあんときゅうりは1cm角に切る。青じそは粗いみじん切りにする。
3 ボウルに1とたくあん、きゅうりを入れて混ぜ、ごま油を加えてあえる。しょうゆで味をととのえ、青じそを加えてさっくりと混ぜ合わせる。

Day 090 アレンジレシピ
たくあんをしば漬けにして彩りを変えます
枝豆としば漬けのサラダ
エネルギー62kcal

「枝豆とたくあんのサラダ」のたくあん50g→粗く刻んだしば漬け50gにする。

Day 091 お酒に合うサラダ
みそと粉チーズの新しい組み合わせ
枝豆とミニトマトのチーズサラダ

材料(2人分)
枝豆……さやつきで200g（豆は80g）
ミニトマト……4個(60g)
塩……小さじ1
A｜みそ、酢……各小さじ2
　｜みりん……小さじ1
粉チーズ……大さじ2

エネルギー112kcal

1 枝豆はボウルに入れて塩をふり、よくもんでうぶ毛を取る。鍋に湯を沸かして枝豆（塩はつけたまま）を7〜8分ゆで、ザルに上げて水気をきる。粗熱が取れたら、豆を取り出して薄皮をむく。ミニトマトは4等分のくし形に切る。
2 ボウルにAを入れてよく混ぜ、1を加えてあえる。粉チーズを加え、さっくりと混ぜ合わせる。

> 粉チーズが余分な水分を吸ってくれるので、しっかりと混ぜ合わせて。

part 1 枝豆のサラダ

材料(2人分)
枝豆……さやつきで200g
A｜赤唐辛子(小口切り)……1本
　｜水……1カップ
　｜しょうゆ……大さじ1
　｜砂糖……大さじ1/2
　｜鶏ガラスープの素(顆粒)……小さじ1
　｜豆板醤……小さじ1/2
塩……小さじ1

エネルギー62kcal

1 ボウルにAを入れてよく混ぜる。
2 枝豆は別のボウルに入れて塩をふり、よくもんでうぶ毛を取る。鍋に湯を沸かして枝豆（塩はつけたまま）を5〜6分ゆで、ザルに上げて水気をきる。
3 2が熱いうちに1に加え、30分以上漬ける。

> 枝豆が熱いうちに漬けると、味がしみ込みやすくなります。

Day 092 お酒に合うサラダ
豆まで味がしみて、食べ出したら止まりません
枝豆のまるごとお浸しサラダ

レタス

いつものレタスサラダがワンランクアップ！ ちょっとした工夫でおいしく、量もたくさん食べられます。

選び方
丸みがあり、みずみずしくてハリのあるものを選ぶ。

栄養
高血圧予防に効果的なカリウム、造血作用のある葉酸が豊富。食物繊維やβ-カロテン、カルシウムなども多い。

おいしい時期

春レタス　夏・秋レタス　冬レタス

下ごしらえのコツ

ちぎるとドレッシングがなじみやすい
手でちぎると断面に凹凸ができ、ドレッシングがなじみやすくなる。

冷水にさらしてパリッとさせる
生で食べる場合は、ちぎったレタスを冷水に5〜10分さらしてパリッとさせて。

水っぽくならないように水気をふく
ザルに上げて水気をきり、さらにペーパータオルで包み込むように水気をふいて。

保存方法

まるごとの場合
根元を少し切り落とし、切り口に小麦粉をまぶす。ペーパータオルで包み、ポリ袋に入れて根元が下になるように冷蔵庫で保存。約1週間が目安。

ちぎったものの場合
冷水にさらし、軽く水気をきる。ペーパータオルを敷いたポリ袋に入れて冷蔵庫で保存。2〜3日が目安。

Day 093

粉チーズ入りのドレッシングが絶品！
BLTサラダ

材料（2人分）
レタス……3～4枚（60g）
トマト……1個（150g）
ベーコン……3枚
A　フレンチドレッシング（P250参照）
　　　……大さじ2
　　粉チーズ……小さじ2
　　にんにく（すりおろし）……小さじ1/2

エネルギー211kcal

1 レタスはひと口大にちぎり、冷水に5～10分さらしてザルに上げ、水気をふく。トマトは6～8等分のくし形に切る。ベーコンは長さを3～4等分に切る。Aは混ぜ合わせておく。
2 フライパンを中火で熱し、ベーコンの両面に焼き色がつくまで焼いて、ペーパータオルに取り出す。
3 器にレタスとトマト、2を盛り合わせ、Aをかける。

> ベーコンから脂が出てくるので、油を入れずにカリッと焼きます。

Day 094 〔お酒に合うサラダ〕
ごま油の香りが口の中に広がります
ちぎりレタスの韓国風サラダ

材料(2人分)
レタス……1/2個(200g)
A｜ごま油……小さじ2
　｜いりごま(白)……小さじ1
　｜塩……小さじ1/3
　｜こしょう……少々
韓国のり……適量

エネルギー55kcal

1 レタスはひと口大にちぎり、冷水に5〜10分さらしてザルに上げ、水気をふく。
2 ボウルにAを入れてよく混ぜ、1を加えてあえる。器に盛り、韓国のりをちぎりながら散らす。

> レタスをつぶさないように、ふんわりと混ぜ合わせて。

材料(2人分)
レタス……1/2個(200g)
塩昆布(細切り)……大さじ1(10g)
A｜酢……大さじ1
　｜サラダ油……小さじ2
　｜しょうが(すりおろす)、しょうゆ
　｜　……各小さじ1
　｜みりん……小さじ1/2

エネルギー62kcal

1 レタスはひと口大にちぎる。鍋に湯を沸かし、レタスを入れたらすぐにザルに上げて水気をきり、器に盛る。
2 塩昆布は粗く刻む。
3 ボウルに2とAを入れてよく混ぜ、1にかける。

> ゆですぎると食感がなくなるので、湯に入れたらすぐにザルに上げます。

Day 095 〔和食に合うサラダ〕
ゆでるとドレッシングがからみやすい！
ゆでレタスの塩昆布サラダ

Day 096 アレンジレシピ
ドレッシングをごまみそ味に
ゆでレタスのごまみそサラダ

エネルギー95kcal

「ゆでレタスの塩昆布サラダ」の塩昆布(細切り)大さじ1(10g)は除き、A→すりごま(白)大さじ1、みそ、マヨネーズ各小さじ2、酢、ごま油、みりん各小さじ1にする。

Day 097

ご飯にも合うしょうゆ味ベース！
レタス、油揚げ、しらすのサラダ

材料(2人分)
- レタス……1/2個(200g)
- 油揚げ……1/2枚(20g)
- しらす干し……大さじ2(20g)
- A
  - しょうゆ……大さじ1弱
  - 酢……大さじ1/2
  - 砂糖……小さじ1
  - 練りからし……小さじ1/2

エネルギー79kcal

1 レタスは5mm幅の細切りにする。
2 フライパンを中火で熱し、油揚げの両面に焼き色がつくまで焼く。粗熱が取れたら、縦半分に切ってから細切りにする。
3 Aは混ぜ合わせておく。
4 ボウルに1と2、しらすを入れて軽く混ぜ、器に盛って3をかける。

練りからしがダマになって残りやすいので、溶かすようによく混ぜて！

Day 098 アレンジレシピ
油揚げとしらすをカマンベールチーズにして濃厚に
レタスとカマンベールのサラダ
エネルギー122kcal

「レタス、油揚げ、しらすのサラダ」の油揚げ1/2枚(20g)としらす干し大さじ2(20g)→6等分に切ったカマンベールチーズ1/3個(35g)にして、焼かずにレタスと混ぜる。

サニーレタス・グリーンリーフ

グリーンリーフ　サニーレタス

選び方
葉がみずみずしく、芯の切り口が変色していないものを選ぶ。

栄養
β-カロテンを多く含み、皮膚や粘膜の健康をサポートしてくれる。余分な塩分を排出してくれるカリウムも豊富。

おいしい時期

	1月	2月	3月	4月	5月	6月	7月	8月	9月	10月	11月	12月
サニーレタス												
グリーンリーフ												

サラダに加えるとボリューム感がアップ！手でちぎるので、下ごしらえもラクチンです。

下ごしらえのコツ

ちぎるとドレッシングがよくなじむ
ドレッシングがなじみやすいように、手でちぎって断面に凹凸をつけて。

冷水にさらしてパリッとさせる
ちぎったサニーレタス（グリーンリーフ）は冷水に5〜10分さらしてパリッとさせる。

ペーパータオルで水気をふく
ザルに上げて水気をきり、さらにペーパータオルでやさしく包んで水気をふく。

保存方法

まるごとの場合
根元を少し切り落とし、切り口に小麦粉をまぶす。ペーパータオルで包み、ポリ袋に入れて根元が下になるように冷蔵庫で保存。約1週間が目安。

ちぎったものの場合
冷水にさらし、軽く水気をきる。ペーパータオルを敷いたポリ袋に入れて冷蔵庫で保存。2〜3日が目安。

Day 099 洋食に合うサラダ

カリッと焼いたバゲットが食感のアクセント！

ミックスレタスの
ガーリックトーストサラダ

> 加熱するとにんにくの風味がバターにしみ込み、香り高くなります。

材料（2人分）
サニーレタス、グリーンリーフ
　……各3枚（各60g）
バゲット（1.5cm厚さ）……40g
A｜バター……10g
　｜オリーブ油、にんにく（すりおろす）
　｜　……各小さじ1
フレンチドレッシング（P250参照）
　……大さじ1・1/2

エネルギー169kcal

1 耐熱ボウルにAを入れ、ラップをせずに電子レンジで約10秒加熱する。よく混ぜてからバゲットに塗り、オーブントースターで2〜3分焼いて4等分に切る。
2 サニーレタスとグリーンリーフはひと口大にちぎり、合わせて冷水に5〜10分さらしてザルに上げ、水気をふく。ボウルに入れ、フレンチドレッシングを加えて混ぜ合わせる。
3 器に2を盛って1を散らす。

part 1　サニーレタス・グリーンリーフのサラダ

Day 100 アレンジレシピ
ガーリックトーストをフライドオニオンにして食感を変えます
ミックスレタスのフライドオニオンサラダ
エネルギー148kcal

「ミックスレタスのガーリックトーストサラダ」のバゲット（1.5cm厚さ）40gとA→フライドオニオン（市販）10gにして、そのまま仕上げに散らす。

材料(2人分)
サニーレタス……4〜5枚(100g)
玉ねぎ……1/4個(40g)
スモークサーモン(刺身用・薄切り)……60g
ブラックオリーブ(小口切り)……10g
A │ フレンチドレッシング(P250参照)
　　……大さじ2
　│ マスタード、はちみつ……各小さじ1

エネルギー146kcal

1 サニーレタスはひと口大にちぎり、冷水に5〜10分さらしてザルに上げ、水気をふく。玉ねぎは繊維に沿って薄切りにする。水に5〜10分さらしてザルに上げ、ペーパータオルで包んで軽く水気を絞る。サーモンは食べやすく切る。
2 Aは混ぜ合わせておく。
3 ボウルに**1**とオリーブを入れて混ぜ、**2**を加えて混ぜ合わせる。

> サニーレタスがつぶれないように、ふんわりと混ぜ合わせて。

Day 101 〈洋食に合うサラダ〉
はちみつでコクを出します
サニーレタスとサーモンのサラダ

材料(2人分)
サニーレタス……5〜6枚(120g)
ちりめんじゃこ……大さじ3強(20g)
ごま油、ポン酢しょうゆ……各大さじ1

エネルギー89kcal

1 サニーレタスはひと口大にちぎり、冷水に5〜10分さらしてザルに上げ、水気をふいて器に盛る。
2 小さめのフライパンにごま油とちりめんじゃこを入れて弱火で熱し、ときどき混ぜながら炒める。ちりめんじゃこがきつね色になったら、油ごと**1**に回しかけ、ポン酢しょうゆをかける。

> アツアツをかけるとサニーレタスにほどよく熱が入り、食べやすくなります。

Day 102 〈和食に合うサラダ〉
ポン酢しょうゆでさっぱりと!
サニーレタスのカリカリじゃこサラダ

Day 103 洋食に合うサラダ

牛乳入りのソースがマイルドでやさしい味

グリーンリーフとトマトのツナマヨサラダ

材料（2人分）
グリーンリーフ……4枚（80g）
トマト……1個（150g）
ツナ缶（水煮）……小1缶（80g）
A｜マヨネーズ、牛乳……各大さじ1
　｜塩、こしょう……各少々

エネルギー94kcal

1 グリーンリーフはひと口大にちぎり、冷水に5～10分さらしてザルに上げ、水気をふく。トマトはひと口大の乱切りにする。ツナは缶汁をきる。
2 ボウルにツナを入れてほぐし、Aを加えて混ぜ合わせる。
3 器にグリーンリーフとトマトを盛り合わせ、2をかける。

食べるときは全体をよく混ぜて、味をなじませながらいただきます！

part 1 サニーレタス・グリーンリーフのサラダ

Day 104 アレンジレシピ
牛乳をトマトケチャップにして味を変えます
グリーンリーフとトマトのツナオーロラサラダ
エネルギー98kcal

「グリーンリーフとトマトのツナマヨサラダ」のAの牛乳大さじ1→トマトケチャップ大さじ1にする。

ベビーリーフ

発芽後、約30日で収穫した野菜やハーブ。切る手間がないので、使い勝手がいいです。

選び方
葉がみずみずしく、変色していないものを選ぶ。

栄養
抗酸化作用のあるβ-カロテンやビタミンCが多く、生活習慣病予防に効果的。細胞の新生に必要な葉酸も豊富。

おいしい時期

1月 2月 3月 4月 5月 6月 7月 8月 9月 10月 11月 12月

下ごしらえのコツ

冷水にさらしてパリッとさせる
冷水に5〜10分さらしてパリッとさせ、歯触りをよくする。水よりも冷水のほうがシャキッとするのでオススメ。

水っぽくならないように水気をふく
水気があるとベチャッとするので、ザルに上げて水気をきり、さらにペーパータオルでやさしく包むように水気をふき取る。

保存方法

冷水にさらし、軽く水気をきる。ペーパータオルを敷いたポリ袋に入れて冷蔵庫で保存。水気もきれて鮮度も保たれる。2〜3日が目安。

Day 105

洋食に合うサラダ

オムレツにしっかりと味をつければドレッシングいらず！

ベビーリーフのオープンオムレツサラダ

材料（2人分）
ベビーリーフ……1パック（30g）
卵……2個
カッテージチーズ……大さじ2
塩……小さじ1/4
こしょう……少々
オリーブ油……小さじ2

エネルギー131kcal

1　ベビーリーフは冷水に5〜10分さらし、ザルに上げて水気をふく。
2　ボウルに卵を溶きほぐし、塩、こしょうを加えて混ぜる。
3　直径20cmのフライパンにオリーブ油を中火で熱し、2を流し入れて大きく混ぜる。卵のふちが固まってきたら、カッテージチーズを全体に散らし、ベビーリーフをのせてふたをし、1〜2分蒸し焼きにする。

> ベビーリーフがしんなりとしすぎないように、軽く火をとおします。

part 1　ベビーリーフのサラダ

Day 106 洋食に合うサラダ

サラミの塩気がいいアクセントです

ベビーリーフとりんごのサラダ

材料(2人分)
ベビーリーフ……大1パック(40g)
りんご……1/4個(50g)
サラミ(薄切り)……20g
A | フレンチドレッシング(P250参照)
　　……大さじ2
　| マスタード……小さじ1

エネルギー134kcal

1 ベビーリーフは冷水に5〜10分さらし、ザルに上げて水気をふく。りんごは皮つきのまま薄いいちょう切りにする。
2 Aは混ぜ合わせておく。
3 器に1とサラミを盛り合わせ、2をかける。

> あえるとベビーリーフがしんなりとしてしまうので、ドレッシングは最後にかけて。

Day 107 アレンジレシピ

りんごを温泉卵にしてボリュームを出します

ベビーリーフと温泉卵のサラダ

エネルギー154kcal

「ベビーリーフとりんごのサラダ」のりんご1/4個(50g)→温泉卵(市販)1個にして、ベビーリーフとサラミの上に割り落とす。Aのマスタード小さじ1→しょうゆ小さじ1にする。

材料(2人分)
ベビーリーフ……大1パック(40g)
はんぺん……大1/2枚(60g)
A 　和風ドレッシング(P252参照)
　　　……大さじ2
　　練りわさび……小さじ1

エネルギー52kcal

1 ベビーリーフは冷水に5〜10分さらし、ザルに上げて水気をふく。はんぺんは4〜5cm長さ、1cm角の棒状に切る。
2 Aは混ぜ合わせておく。
3 器に1を盛り合わせ、2をかける。

> 練りわさびがダマにならないように、よく溶きのばしておきます。

Day 108　和食に合うサラダ

わさびのツンとした辛味がほどよくからんで美味!

ベビーリーフとはんぺんのサラダ

---

part 1　ベビーリーフのサラダ

材料(2人分)
ベビーリーフ……小1パック(20g)
ハム……4枚
オリーブ油……大さじ1/2
レモン汁……小さじ1
粗びき黒こしょう……少々

エネルギー77kcal

1 ベビーリーフは冷水に5〜10分さらし、ザルに上げて水気をふく。
2 ハムに1を1/4量ずつのせてくるりと巻き、ピックなどで留める。
3 器に2を盛り、オリーブ油とレモン汁をかけて、粗びき黒こしょうをふる。

> ベビーリーフはたっぷりがオススメ!しっかりと巻いて留めて。

Day 109　お酒に合うサラダ

巻くだけの簡単サラダ

ベビーリーフのハム巻きサラダ

Column

＼パンと一緒に！／
ランチにも合う カフェ風サラダ

野菜をパンにのせたり、
ディップサラダにして、
ちょっとおしゃれに演出！

Day 110
マッシュポテト
→作り方はP96

Day 111
なすのピューレ
→作り方はP96

Day 112
ブロッコリーと
ゆで卵の
オープンサンド
→作り方はP97

Day 113
セロリの
ツナクリーム
ディップ
→作り方はP97

Day 110 洋食に合うサラダ

牛乳のまったり&クリーミーがいい感じ

マッシュポテト

材料(2人分)
じゃがいも……大1個(皮つきで210g)
バター……15g
牛乳……1/4～1/3カップ
塩……小さじ1/3
こしょう……少々
バゲット(好みで)……適量

エネルギー152kcal (バゲットは除く)

1 じゃがいもは皮つきのまま水で濡らしたペーパータオルで包んでからラップで包む。耐熱皿にのせ、電子レンジで約2分加熱して裏返し、さらに約2分加熱する。粗熱が取れたら皮をむく。

2 耐熱ボウルに1を入れてフォークでつぶし、バターを加えて手早く混ぜ合わせる。
3 小さめの鍋に牛乳を入れて弱火で熱し、煮立たない程度に温める。
4 2に3を少しずつ加えながらよく混ぜ合わせ、なめらかになったら塩、こしょうで味をととのえる。器に盛り、バゲットを添える。

> じゃがいもとなじみやすいように、牛乳は温めて。

Day 111 洋食に合うサラダ

アンチョビの塩気がきいています

なすのピューレ

材料(2人分)
なす……2本(120g)
アンチョビ(フィレ)……2枚
にんにく(みじん切り)……1/2かけ
オリーブ油……大さじ1
塩、こしょう……各少々
クラッカー(プレーン・好みで)……適量

エネルギー88kcal (クラッカーは除く)

1 なすはピーラーで皮をむいて縦半分に切る。1切れずつラップで包んで耐熱皿にのせ、電子レンジで約4分加熱する。ラップをしたまま水にさらし、粗熱が取れたら、包丁でたたいてペースト状にする。アンチョビは細かく刻む。
2 フライパンにオリーブ油とにんにくを入れて中火で炒め、香りが立ったら1を加えて水気を飛ばすように炒め合わせる。全体がとろっとしたら、塩、こしょうで味をととのえる。器に盛り、クラッカーを添える。

> 水っぽくならないように、なすの余分な水気を飛ばします。

Day 112

洋食に合うサラダ

香ばしく焼けたチーズ＋マヨネーズがたまりません！

ブロッコリーとゆで卵のオープンサンド

材料(2人分)
ブロッコリー……1／5株(50g)
卵……1個
ミニトマト……2個(30g)
胚芽パン(1cm厚さ)……2枚(60g)
水……大さじ2
A ｜ ピザ用チーズ……20g
　｜ マヨネーズ……大さじ1
B ｜ オレンジの果汁
　｜ 　(または果汁100％のオレンジジュース)
　｜ 　……大さじ1
　｜ オリーブ油……小さじ1
　｜ こしょう……少々
塩、こしょう……各少々

エネルギー228kcal

1 卵はゆでて冷まし、殻をむいて粗く刻む(P21・上・1参照)。

2 ブロッコリーは小房に切り分ける。フライパンにブロッコリーを入れて水をふり、ふたをして強火で約2分蒸しゆでにし、火を止めて1〜2分蒸らす。ザルに上げて水気をきり、粗熱が取れたら粗く刻む。
3 ボウルに1と2を入れ、Aを加えてさっと混ぜる。
4 ミニトマトは横半分に切る。Bは混ぜ合わせておく。
5 胚芽パンに3を等分にのせて塩、こしょうをふり、オーブントースターで1〜2分焼く。器に盛り、ミニトマトを等分にのせてBを等分にかける。

> ゆで卵がつぶれないように、軽く混ぜ合わせればOK。

Day 113

洋食に合うサラダ

シャリッとした食感と香りがさわやか！

セロリのツナクリームディップ

材料(2人分)
セロリ……1／2本(60g)
絹ごし豆腐……50g
ツナ缶(水煮)……小1缶(80g)
洋風スープの素(顆粒)……小さじ1／2
塩、こしょう……各少々
ぶどうパン(好みで)……適量

エネルギー49kcal（ぶどうパンは除く）

1 セロリはみじん切りにする。豆腐は水気をきる。ツナは具と缶汁に分ける。
2 ボウルに豆腐を入れ、泡立て器でつぶしてからよく混ぜる。豆腐がなめらかになったら、ツナの缶汁と洋風スープの素を加えてよく混ぜ合わせる。クリーム状になったら、セロリとツナの具を加えて混ぜ合わせ、塩、こしょうで味をととのえる。器に盛り、ぶどうパンを添える。

> ツナの缶汁とスープの素でうま味をプラスします。

かぶ

クセがなく、やさしい甘味があるのが特徴です。春は生のサラダ、秋は加熱したサラダが向いています。

選び方
根にハリとツヤがあって重みのあるもの、葉がみずみずしいものを選ぶ。

栄養
根に含まれるジアスターゼは消化を助け、胃もたれなどの予防に。葉はβ-カロテンやビタミンCなどが豊富。

おいしい時期

1月 2月 3月 4月 5月 6月 7月 8月 9月 10月 11月 12月
　　　　←春かぶ→　　　　　　　　←冬かぶ→

下ごしらえのコツ

買ってきたら根と葉を切り分ける
葉が根の水分を吸うので切り分ける。茎をつけてサラダにする場合は、少し残す。

茎の間の汚れをかき出す
泥や汚れが茎の間に残っている場合があるので、歯ブラシでていねいにかき出して。

繊維に沿って切るとシャキシャキに
繊維に沿って（茎に対して平行になるように）切ると、シャキッとした食感に。

繊維を断つように切るとやわらかに
繊維を断つように（茎に対して垂直になるように）切ると、やわらかい食感に。

保存方法

まるごとの場合
根と葉を切り分け、それぞれポリ袋に入れて冷蔵庫で保存する。根は4〜5日、葉は1〜2日が目安。

葉が残った場合
1〜2分ゆでて水気をきり、みじん切りにして保存容器に入れ、冷蔵庫で保存する。1〜2日が目安。サラダに混ぜても。

98

材料(2人分)
かぶ……2個(160g)
塩……小さじ1/3
A│オリーブ油……大さじ1
 │レモン汁……小さじ1
B│粉チーズ……大さじ1
 │粗びき黒こしょう……少々

エネルギー87kcal

1 かぶは横に薄い輪切りにする。ボウルに入れ、塩をふって軽くもみ、かぶがしんなりとしたら水気をふく。Aは混ぜ合わせておく。
2 器にかぶを少しずらしながら盛り、Aをかけて B をふる。

> 少しずらしながら盛りつけると、おしゃれに見えます。

Day 114　お酒に合うサラダ
粗びき黒こしょうで味が締まります
かぶのカルパッチョ

材料(2人分)
かぶ……2個(160g)
かぶの葉(やわらかい部分)……40g
塩……小さじ1/3
A│ごま油……小さじ1
 │にんにく(すりおろす)……小さじ1/2
 │鶏ガラスープの素(顆粒)、砂糖
 │　……各小さじ1/3
いりごま(白)……小さじ1

エネルギー48kcal

1 かぶは茎を1〜1.5cm残して10等分のくし形に切る。かぶの葉は1cm幅に切ってボウルに入れ、塩をふって軽くもみ、しんなりとしたら水気を絞る。
2 ボウルにAを入れてよく混ぜ、1を加えてあえ、ごまを加えて混ぜ合わせる。

> 大きく切って、生のかぶの歯ごたえを楽しみます。

Day 115　中華に合うサラダ
葉を加えると、香りも彩りもよくなります
かぶのにんにくナムル

Day 116　アレンジレシピ
ドレッシングを韓国風にします
かぶのコチュジャンナムル
エネルギー64kcal

「かぶのにんにくナムル」のA→すりごま(白)大さじ1、ごま油、コチュジャン各小さじ1、にんにく(すりおろす)、酢各小さじ1/2にする。いりごま(白)小さじ1は除く。

part 1　かぶのサラダ

Day 117　和食に合うサラダ

ゆでて甘味を引き出し、ポン酢しょうゆであっさりと

かぶとかに風味かまぼこのポン酢サラダ

歯ごたえを残したいので、ゆですぎないように気をつけて。

材料(2人分)
かぶ……2個(160g)
かに風味かまぼこ……4本
A｜ポン酢しょうゆ……大さじ1
　｜しょうゆ……小さじ1
　｜砂糖、ごま油……各小さじ1/2

エネルギー57kcal

1　かぶは茎を1〜1.5cm残して、縦半分に切ってから縦に薄切りにする。鍋に湯を沸かし、かぶを1〜2分ゆでてザルに上げ、粗熱が取れたら水気を絞る。
2　かに風味かまぼこは長さを半分に切って粗く裂く。
3　ボウルにAを入れてよく混ぜ、1と2を加えてあえる。

Day 118　アレンジレシピ
かに風味かまぼこをハムにして食感を変えます
かぶとハムのポン酢サラダ
エネルギー79kcal

「かぶとかに風味かまぼこのポン酢サラダ」のかに風味かまぼこ4本→半分に切ってから1cm幅に切ったハム3枚にする。

100

Day 119

洋食に合うサラダ

さわやかなレモン風味がクセになります

かぶとベーコンのホットサラダ

材料（2人分）
かぶ……2個（160g）
ベーコン……1枚
A│レモン汁……小さじ2
　│砂糖……小さじ1/2
　│塩……小さじ1/4
オリーブ油……大さじ1/2

エネルギー89kcal

1 かぶは茎を約2cm残して6等分のくし形に切る。ベーコンは粗いみじん切りにする。
2 ボウルにAを入れてよく混ぜる。
3 フライパンにオリーブ油とベーコンを入れて中火で熱し、かぶを並べる。弱めの中火にして、ときどき返しながら、かぶが透きとおるまで焼く。
4 3が熱いうちに2に加えて混ぜ合わせる。

> 全体に火がとおるように、途中で何度か裏返して両面を焼きます。

さつまいも

独特のホクホクとした食感と甘味があります。
皮をつけたままサラダにすると彩りがきれい！

選び方
ずっしりとした重みがあり、皮にハリとツヤがあるものを選ぶ。

栄養
ビタミンCはいも類のなかでトップクラスで、免疫力アップやストレス予防が期待できる。食物繊維も豊富。

おいしい時期
1月 2月 3月 4月 5月 6月 7月 8月 9月 10月 11月 12月

下ごしらえのコツ

水からゆでるとしっとり
しっとりと仕上げたい場合は水からゆでて、ゆっくり、じっくりと火をとおして。

湯からゆでるとホックリ
ホックリと仕上げたい場合は湯からゆでて、一気に火をとおして。

水にさらしてでんぷんを抜く
細切りにした場合、さつまいも同士がでんぷんでくっつくので、水にさらして抜く。

1/2本が残ったら焼きいもにしても
濡らしたペーパータオルとラップで包んでレンジで約2分、解凍モードで約20分加熱。

保存方法

まるごとの場合
低温と乾燥に弱いので、新聞紙で1本ずつ包み、風とおしのよい涼しい場所で保存する。約1カ月が目安。

カットしたものの場合
切り口をラップで覆い、新聞紙で包んで冷蔵庫で保存。3〜4日が目安。

Day 120

マーマレードが味の決め手！
さつまいもとソーセージのヨーグルトサラダ

材料（2人分）
さつまいも……1本（皮つきで200g）
ウインナソーセージ……2本
A│プレーンヨーグルト……大さじ3
　│マーマレード……大さじ1
　│塩……ひとつまみ

エネルギー230kcal

1 さつまいもは皮つきのまま1cm厚さの輪切りにする。鍋にさつまいもとかぶるくらいの水を入れて強火で熱し、沸騰したらふたをして、弱火で約5分ゆでる。竹串を刺し、スッととおるようになったらザルに上げて水気をきる。
2 ソーセージは5mm厚さの斜め切りにする。
3 フライパンを中火で熱し、2の両面に焼き色がつくまで炒める。
4 ボウルにAを入れてよく混ぜ、1を加えて粗くつぶしながら混ぜ合わせる。3を加えて、軽く混ぜ合わせる。

つぶしながら混ぜると、ドレッシングとなじんでクリーミーな口当たりに！

材料(2人分)
さつまいも……1本(皮つきで200g)
A クリームチーズ(室温に戻す)
　　……1個(20g)
　粉チーズ……小さじ2
フレンチドレッシング(P250参照)
　……大さじ1・1/2

エネルギー230kcal

1 ボウルにAを入れてよく混ぜ、フレンチドレッシングを加えて溶けのばす。
2 さつまいもは皮つきのままひと口大の乱切りにする。耐熱ボウルに入れてふんわりとラップをし、電子レンジで3分～3分30秒加熱する。
3 2が熱いうちに1に加えて混ぜる。粗熱が取れたら、もう一度混ぜる。

> 粗熱が取れてから混ぜると、味なじみがさらによくなります。

Day 121 洋食に合うサラダ
2種のチーズ使いでクリーミーに
さつまいもの チーズドレッシングサラダ

材料(2人分)
さつまいも……1本(200g)
A パセリ(みじん切り)……大さじ2
　マヨネーズ……大さじ1・1/2
　みそ……小さじ1
　ラー油……小さじ1/3

エネルギー211kcal

1 さつまいもは皮をむいて、1cm厚さの半月切りにする。鍋に湯を沸かし、さつまいもを4～5分ゆでて竹串を刺し、スッととおるようになったらザルに上げて水気をきる。
2 ボウルにAを入れてよく混ぜ、1を加えてあえる。

> パセリは最後にふるよりも、混ぜたほうが味も香りもよくなじみます。

Day 122 お酒に合うサラダ
みそ&パセリの意外な組み合わせ!
さつまいもの みそパセリサラダ

Day 123 アレンジレシピ
ドレッシングを洋風にします
さつまいものピーナッツバターサラダ
エネルギー214kcal

「さつまいものみそパセリサラダ」のA→ピーナッツバター(クラッシュタイプ・加糖)大さじ1・1/2、牛乳、しょうゆ各小さじ2にする。

104

Day 124

ホクホク&シャキシャキが楽しい

さつまいもときゅうりのごまサラダ

材料(2人分)
さつまいも……1/2本(皮つきで100g)
きゅうり……1本(100g)
A│すりごま(黒)……大さじ1・1/2
　│しょうゆ……小さじ2
　│砂糖……小さじ1

エネルギー114kcal

1 さつまいもは皮つきのまま3cm長さ、5mm角の棒状に切る。水に約1分さらして水を取り替え、さらに約1分さらしてザルに上げ、水気をきる。鍋に湯を沸かし、さつまいもを2～3分ゆでて竹串を刺し、スッととおるようになったらザルに上げて水気をきる。きゅうりは3cm長さ、5mm角の棒状に切る。
2 ボウルにAを入れてよく混ぜ、1を加えてあえる。

> 熱いうちにあえると、くずれてしまうので、水気をきって粗熱を取ります。

part 1 さつまいものサラダ

Day 125 アレンジレシピ
きゅうりを貝割れ大根にしてさわやかに
さつまいもと貝割れ大根のごまサラダ
エネルギー104kcal

「さつまいもときゅうりのごまサラダ」のきゅうり1本(100g)→貝割れ大根1パック(20g)にして、Aのしょうゆ小さじ2→しょうゆ小さじ1、砂糖小さじ1→砂糖小さじ1/2にする。

里いも

ねっとりとした口当たりが人気です。味にクセがないので、さまざまな味のドレッシングで！

選び方
かたく締まっていて、傷やヒビ割れのないものを選ぶ。

栄養
ぬめり成分のもとは、ガラクタンによるもの。ガラクタンはがん細胞抑制や脳細胞の活性化他、食物繊維が含まれ、免疫力の向上や便通の改善に効果的。

おいしい時期

| 1月 | 2月 | 3月 | 4月 | 5月 | 6月 | 7月 | 8月 | 9月 | 10月 | 11月 | 12月 |

下ごしらえのコツ

上下を切り落として加熱する
レンジ加熱する場合は、皮をむきやすいように上下を少し切り落とす。

途中で裏返して均一に火をとおす
レンジ加熱の場合、加熱ムラがないように、途中で裏返して。

水からゆでるとホクホク、しっとりに
ホクホク＆しっとりの食感に仕上げたい場合は、水からゆでて、じっくりと火をとおして。

保存方法

まるごとの場合
低温と乾燥に弱いので、泥つきのまま新聞紙で包み、風とおしのよい涼しい場所で保存する。約1カ月が目安。

106

材料(2人分)
里いも……小6個(180g)
青ねぎ(小口切り)……4本
ごま油……小さじ1
A｜みそ……大さじ1
　｜みりん、水……各小さじ1

エネルギー151kcal

1 里いもは皮をむく。鍋に里いもとかぶるくらいの水を入れて中火で熱し、沸騰したら7〜8分ゆでる。竹串を刺し、スッととおるようになったらザルに上げて水気をきり、器に盛る。
2 フライパンにごま油を中火で熱し、青ねぎをさっと炒める。青ねぎに油が回ったらAを加え、炒めるように混ぜ合わせて1にかける。

> 軽く炒めて、青ねぎにごま油の香りを移して。

Day 126 〈和食に合うサラダ〉
みそのコクと風味で落ち着きのある味に
里いもの青ねぎみそサラダ

材料(2人分)
里いも……4個(皮つきで240g)
桜えび……大さじ2・1/2 (10g)
削り節……小1パック(3g)
A｜マヨネーズ……小さじ4
　｜しょうゆ……小さじ1
　｜みりん……小さじ1/2
　｜塩……少々

エネルギー170kcal

1 里いもは電子レンジで加熱して皮をむく(P108・1参照)。
2 ボウルにAを入れてよく混ぜ、すぐに1を加えて、くずしながら混ぜ合わせる。桜えびと削り節を加えてあえる。

> 味が全体になじむように熱いうちに加え、くずしながら混ぜ合わせます。

Day 127 〈お酒に合うサラダ〉
桜えびの凝縮されたうま味が最高！
里いもと桜えびのサラダ

Day 128 アレンジレシピ
桜えびをきゅうりにしてさっぱりと
里いもときゅうりのサラダ
エネルギー158kcal

「里いもと桜えびのサラダ」の桜えび大さじ2・1/2 (10g)→薄い輪切りにしたきゅうり1/2本(50g)にする。きゅうりは塩少々をふってもみ、しんなりとしたら水気を絞り、削り節と一緒にあえる。

Day 129 　洋食に合うサラダ

生ハムと粒マスタードでちょっとリッチに

里いもと生ハムのマリネ

材料（2人分）
里いも……4個（皮つきで240g）
生ハム……6枚
A　粒マスタード、酢、オリーブ油
　　　……各大さじ1
　　砂糖……小さじ1/2
　　塩……小さじ1/4

エネルギー236kcal

1　里いもは皮つきのまま上下を少し切り落とし、1個ずつラップで包む。耐熱皿にのせ、電子レンジで約5分加熱して裏返し、さらに1〜2分加熱する。粗熱が取れたら皮をむき、7〜8mm厚さの輪切りにする。
2　ボウルにAを入れてよく混ぜ、1を加えてあえて、10分以上おいて味をなじませる。
3　生ハムは、大きいものは食べやすい大きさに切る。2に加えてさっと混ぜ合わせる。

> 生ハムは里いもの余熱で火がとおってしまうので、冷めてから加えて。

Day 130

和食に合うサラダ

めんつゆで下味をつけて揚げます
里いものから揚げサラダ

煮ながら里いもに下味をつけると、もっちりとした食感に仕上がります。

材料(2人分)
里いも……5個(250g)
クレソン……1束(50g)
A│水……1/2～3/4カップ
　│めんつゆ(2倍濃縮)……小さじ4
　│しょうが(すりおろす)……小さじ1
片栗粉……大さじ2
揚げ油……適量

エネルギー270kcal

1 里いもは皮をむいて横半分に切る。鍋に里いもとAを入れて中火で熱し、落としぶたをして弱火で約15分煮る。竹串を刺し、スッととおるようになったらザルに上げて汁気をきる。クレソンは食べやすい大きさに切る。
2 ポリ袋に片栗粉を入れ、里いもを加えてよくふり、片栗粉を全体にまぶす。
3 揚げ油を170℃(菜箸を入れ、箸全体から細かい泡が出てくるのが目安)に熱し、2を1～2分揚げる。こんがりと色づいたら、取り出して油をきる。
4 器にクレソンを盛り、3をのせる。

Day 131 アレンジレシピ
しょうがをカレー粉にしてスパイシーに
里いものカレーから揚げサラダ

エネルギー274kcal

「里いものから揚げサラダ」のAのしょうが(すりおろす)小さじ1→カレー粉小さじ1にする。

長いも

切って、たたいて、すりおろしてと、食べ方もいろいろ！ほどよい粘りとサクサク感が魅力です。

選び方
適度な太さと重みがあり、ヒゲが多いものを選ぶ。

栄養
消化酵素のジアスターゼの働きで胃腸の調子をととのえる。ネバネバ成分には、食物繊維が含まれ、腸内環境をととのえる。

おいしい時期

1月 2月 3月 4月 5月 6月 7月 8月 9月 10月 11月 12月

下ごしらえのコツ

皮はピーラーでむくとスムーズ
粘り気があるので、皮は必要な分だけをピーラーで縦方向にむけば、包丁よりスムーズ。

たたくと凹凸ができて味がなじみやすい
瓶などでたたいて繊維をくずすと、断面に凹凸ができて味がなじみやすい。

水からゆでるとホクホクになる
ホクホクに仕上げたい場合は水からゆでて、ゆっくり、じっくりと火をとおして。

水っぽくならないように水気を飛ばす
ゆで上がったら湯を捨て、鍋を揺すりながら余分な水分を飛ばして。

保存方法

まるごとの場合
新聞紙で包み、風とおしのよい涼しい場所で保存する。約2週間が目安。

カットしたものの場合
ラップで包み、冷蔵庫で保存する。3〜4日が目安。

Day 132 和食に合うサラダ

酢をきかせてさっぱり！食物繊維もたっぷりです
まぐろとわかめのとろろ酢サラダ

材料(2人分)
長いも……1/5本(80g)
まぐろ(赤身・刺身用・さく)……100g
わかめ(塩蔵)……60g
レタス……3枚(45g)
A | 酢……大さじ1
  | しょうゆ……小さじ2
  | 砂糖……小さじ1

エネルギー98kcal

1 まぐろはひと口大に切る。わかめはよく洗い、水気を絞って食べやすい大きさに切る。レタスは千切りにする。
2 長いもはすりおろしてボウルに入れ、Aを加えてよく混ぜる。
3 器にレタスを盛ってまぐろとわかめをのせ、2をかける。

長いもは変色しやすいので、食べる直前にすりおろして調味料と混ぜて。

Day 133 アレンジレシピ
卵黄を加えてボリュームをアップ
まぐろとわかめのとろろ酢卵黄サラダ
エネルギー176kcal

「まぐろとわかめのとろろ酢サラダ」の仕上げに卵黄2個分をのせる。

材料(2人分)
長いも……1/3本強(160g)
梅干し……1個(12g)
A | めんつゆ(2倍濃縮)……小さじ2
　 | すりごま(白)……小さじ1

エネルギー65kcal

1 長いもはポリ袋に入れ、瓶などでたたいてひと口大にくずす。梅干しは種を取り、包丁で細かくたたく。
2 ボウルに梅干しとAを入れてよく混ぜ、長いもを加えてあえる。

> 梅干しは細かくたたくと長いもにからみやすくなります。

Day 134　お酒に合うサラダ
梅にすりごまを加えるのがポイント！
たたき長いもの梅サラダ

材料(2人分)
長いも……1/3本弱(120g)
オクラ……4本(40g)
塩……適量
A | ポン酢しょうゆ……大さじ1・1/2
　 | ごま油、練りからし……各小さじ1/2

エネルギー63kcal

1 オクラは塩をふって板ずりをし、ガクをむく。鍋に湯を沸かしてオクラを1～2分ゆで、冷水にとって冷ます。ザルに上げて水気をきり、小口切りにする。
2 長いもは千切りにして、さっと混ぜる。
3 ボウルにAを入れてよく混ぜ、1と2を加えてあえる。

> あえる前に長いも同士を混ぜておくと粘りが出て、ネバネバがアップ！

Day 135　和食に合うサラダ
ネバネバ好きにはたまりません
長いもとオクラのサラダ

Day 136 アレンジレシピ
豆腐にかけてボリュームをアップ
長いもとオクラのサラダ 冷ややっこのせ
エネルギー130kcal

「長いもとオクラのサラダ」のAにしょうゆ小さじ1を加え、ごま油小さじ1/2→ごま油小さじ1にして、半分に切った絹ごし豆腐2/3丁(200g)にかける。刻みのり適量を散らす。

Day 137
和食に合うサラダ

プチプチとした食感がアクセント
長いもの明太サラダ

材料(2人分)
長いも……1/2本(200g)
辛子明太子……1/2はら(40g)
A│オリーブ油、しょうゆ……各小さじ1/2

エネルギー101kcal

1 長いもはひと口大の乱切りにする。鍋に長いもとひたひたの水を入れて中火で熱し、沸騰したら4〜5分ゆでる。湯を捨て、鍋を揺すりながら水気を飛ばす。
2 明太子は薄皮に切り込みを入れ、包丁の先で中身をしごき出す。
3 ボウルに2とAを入れてよく混ぜ、1を加えてあえる。

> 薄皮ごと加えるとなじみにくくなるので、中身だけを取り出します。

part 1 長いものサラダ

きのこ

独特のうま味を生かしてサラダに！低カロリーだから、ダイエット中でも安心です。

選び方
しいたけはかさが開きすぎていないもの、しめじは密集しているもの、マッシュルームはツヤがあるものを選ぶ。

栄養
食物繊維が豊富なので便秘予防になり、腸内環境の改善に効果的。

おいしい時期

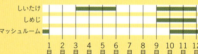

下ごしらえのコツ

しいたけのかたい石づきは切り落とす
根元のかたい部分（石づき）は切り落とす。軸にはうま味があるので、料理に使って。

しめじのかたい石づきは切り落とす
根元にあるかたまりの部分（石づき）は、かたいので切り落として。

マッシュルームは土などの汚れをふく
土がついている場合は軸を切り落としてからペーパータオルでやさしくふく。

レモン汁をふって変色を防ぐ
すぐにあえない場合は、マッシュルームにレモン汁をふっておくと変色が防げる。

保存方法

まるごとの場合
しいたけは1個ずつペーパータオルで包み、かさを下にしてポリ袋に入れる。しめじは買ってきたパックの袋を少し開ける。マッシュルームは1個ずつペーパータオルで包み、ポリ袋に入れる。それぞれ冷蔵庫で保存。4〜5日が目安。

切ったものの場合
ジッパーつきの保存袋に入れ、冷凍庫で保存する（きのこは冷凍すると香りがよくなる）。約1カ月が目安。

Day 138

洋食に合うサラダ

上品なクリーミーさで、パンとよく合います

3種のきのこのホットサラダ

材料（2人分）
- しいたけ……2個
- マッシュルーム……4個
- しめじ……1／2パック（50g）
- サラダ菜……3〜4枚（40g）
- にんにく（薄切り）……1かけ
- A｜粉チーズ、牛乳……各大さじ2
　　塩……小さじ1／4
- オリーブ油……大さじ1／2

エネルギー86kcal

1 しいたけとマッシュルームは薄切りにする。しめじは小房に分ける。
2 サラダ菜は冷水に5〜10分さらし、ザルに上げて水気をふく。Aは混ぜ合わせておく。
3 フライパンにオリーブ油とにんにくを入れて中火で炒め、香りが立ったら1を加えて炒め合わせる。きのこがしんなりとしたら、Aを加えて混ぜ合わせる。
4 器にサラダ菜を敷き、3をのせる。

粉チーズと牛乳はあらかじめ混ぜておくと、とろみがついてからみやすい！

part 1　きのこのサラダ

Day 139 洋食に合うサラダ
さっぱり&ピリッがちょうどいいバランス
しめじのピクルス

材料(2人分)
しめじ……1パック(100g)
A｜赤唐辛子……1/2本
　｜酢、水……各大さじ2
　｜砂糖……大さじ1
　｜塩……小さじ1/4

エネルギー33kcal

1 ボウルにAを入れてよく混ぜる。
2 しめじは小房に分ける。耐熱皿にのせてふんわりとラップをし、電子レンジで1分〜1分10秒加熱する。
3 2が熱いうちに1に加え、混ぜ合わせる。冷蔵庫に30分以上おいて味をなじませる。

> しめじを冷やしながら漬けて、味をゆっくりとしみ込ませます。

材料(2人分)
しいたけ……大4個
にんじん……小1/2本(80g)
A｜すし酢……大さじ1
　｜粒マスタード……小さじ1
　｜しょうゆ……小さじ1/2

エネルギー40kcal

Day 140 お酒に合うサラダ
きのこの凝縮したうま味が主役
焼きしいたけの
にんじんおろしあえ

1 魚焼きグリルにアルミ箔を敷き、しいたけを並べて中火で3〜4分焼く。(両面焼きグリルの場合。片面焼きグリルの場合は途中で裏返して5〜6分焼く)。両面に焼き色がついたら取り出し、粗熱が取れたら半分に裂く。
2 にんじんはすりおろす。
3 ボウルに2とAを入れてよく混ぜ、1を加えてあえる。

> うま味を逃がさないように、しいたけのかさの部分を下にして焼いて。

Day 141 アレンジレシピ
にんじんを大根にしてさっぱりと
焼きしいたけの大根おろしあえ
エネルギー35kcal

「焼きしいたけのにんじんおろしあえ」のにんじん小1/2本(80g)→大根100gにして、すりおろして軽く汁気をきる。

Day 142 洋食に合うサラダ

バルサミコ酢を使うとお店のような味わい！
マッシュルームとセロリのサラダ

材料(2人分)
マッシュルーム……4個
セロリ……1本(120g)
A | オリーブ油……大さじ1
   | レモン汁、バルサミコ酢……各小さじ1
   | 塩……小さじ1/3

エネルギー70kcal

1 セロリの1/2量は横に薄切りにして、残りは粗いみじん切りにする。
2 ボウルにAを入れてよく混ぜ、セロリ(粗いみじん切り)を加えて混ぜ合わせる。
3 食べる直前にマッシュルームを薄切りにする。2にマッシュルームとセロリ(薄切り)を加えてあえる。

> 粗いみじん切りにしたセロリをドレッシングに混ぜて、セロリの香りを移しておきます。

part 1 きのこのサラダ

Day 143 アレンジレシピ
セロリをアボカドにして濃厚な味わいにします
マッシュルームとアボカドのサラダ
エネルギー126kcal

「マッシュルームとセロリのサラダ」のセロリ1本(120g)→いちょう切りにしたアボカド(熟したもの)1/2個(70g)にして、全量をマッシュルームと一緒にあえる。

にんじん

彩りがよく、栄養も満点です。ピーラーやおろし器を使うと、いつもと見た目が変わります。

選び方
オレンジ色が濃く、表面がなめらかなものを選ぶ。

栄養
抗酸化作用のあるβ-カロテンを豊富に含み、免疫力を高めて、がんや動脈硬化予防に効果的。

おいしい時期
1月 2月 3月 4月 5月 6月 7月 8月 9月 10月 11月 12月

下ごしらえのコツ

茎の根元は切り落とさず、くり抜く
茎の根元だけを包丁の刃元でくるりとくり抜けば、無駄なく調理に使える。

皮は中心からむくとスムーズ
上(茎の根元)と下(先端)で太さが異なるので、皮は中心→上、中心→下にむく。

薄切りはピーラーが便利
ピーラーを使えば包丁よりも薄く切ることができ、ふんわり、やわらかい食感になる。

太い部分を持ってすりおろすとラクチン
茎の根元に近い太い部分を持つと力が入り、すりおろすのがラクチン。

保存方法

まるごとの場合
水気に弱いので水気をふき、茎の根元をくり抜く。ペーパータオルで包んでポリ袋に入れ、先端が下になるように冷蔵庫に立てて保存する。1〜2週間が目安。

カットしたものの場合
ラップで包み、冷蔵庫で保存する。3〜4日が目安。

Day 144

包丁いらず！みそ+マヨネーズでコク満点
リボンキャロットのみそマヨサラダ

材料(2人分)
にんじん……1本(200g)
A│マヨネーズ……大さじ1
　│酢……大さじ1/2
　│みそ……小さじ2
　│砂糖……小さじ1

エネルギー95kcal

1 にんじんはピーラーで縦に細長い薄切りにする。鍋に湯を沸かし、にんじんを入れたらすぐにザルに上げてしっかりと水気をきる。
2 ボウルにAを入れてよく混ぜ、1を加えてあえる。

食感が残るように、さっと湯にくぐらせるくらいで大丈夫！

part 1 にんじんのサラダ

Day 145 アレンジレシピ
くるみを加えて食感のアクセントをプラス
リボンキャロットとくるみのみそマヨサラダ
エネルギー163kcal

「リボンキャロットのみそマヨサラダ」に粗く砕いたくるみ(ローストしたもの・無塩)20gを加え、にんじんと一緒にあえる。

Day 146 洋食に合うサラダ
トマトケチャップでほんのり甘味を加えます
おろしにんじんのショートパスタサラダ

材料(2人分)
にんじん……1/2本(100g)
ショートパスタ(あればフジッリ)……60g
塩……適量
A | マヨネーズ……大さじ1
　 | トマトケチャップ……小さじ1
　 | しょうゆ……小さじ1/2

エネルギー176kcal

1 鍋にたっぷりの湯を沸かし、塩(湯の1%量)、ショートパスタの順に入れて袋の表示時間どおりにゆで、ザルに上げて水気をきる。
2 にんじんはすりおろす。
3 ボウルに2とAを入れてよく混ぜ、1を加えてあえる。

> 冷めるとパスタ同士がくっついてしまうので、温かいうちにあえます。

Day 147 エスニックに合うサラダ
ナンプラーで味を引き締めます
ベトナム風なますサラダ

材料(2人分)
にんじん……小1本(150g)
大根……60g
塩……小さじ1/4
A | 赤唐辛子(小口切り)……1/2本
　 | 酢……大さじ1
　 | 砂糖……大さじ1/2
　 | ナンプラー……小さじ1

エネルギー44kcal

1 にんじんと大根は千切りにする。ボウルににんじんと大根を入れ、塩をふって軽くもみ、しんなりとしたら水気をしっかりと絞る。
2 ボウルにAを入れてよく混ぜ、1を加えて、手でもむように混ぜ合わせる。

> 特に大根から水分が出やすいので、水っぽくならないようによく水気を絞って。

Day 148 アレンジレシピ
青じそを加えて和風にします
和風なますサラダ

エネルギー44kcal

「ベトナム風なますサラダ」の塩小さじ1/4→塩小さじ1/3にして、Aのナンプラーは除く。千切りにした青じそ6枚を仕上げに加えて混ぜ合わせる。

Day 149

洋食に合うサラダ

バター＋はちみつがいい香り

にんじんグラッセのパセリサラダ

材料（2人分）
にんじん……1本（200g）
パセリ（みじん切り）……2枝（20g）
A│バター……10g
 │はちみつ……小さじ2
 │塩……小さじ1/4
レモン汁……小さじ1

エネルギー99kcal

1 にんじんはひと口大の乱切りにする。小さめの鍋ににんじんを入れ、ひたひたの水とAを加えて中火で熱し、煮立ったら落としぶたをして弱火で煮る。
2 1の煮汁がほぼなくなったらレモン汁を加えて混ぜ、パセリを加えて混ぜ合わせる。

> レモン汁は酸味と香りが飛ばないように最後に加えます。

part 1 にんじんのサラダ

大根

葉つきのものが手に入ったら、ゆでてサラダに加えても！切り方によって食感も変わるので、いくとおりも楽しめます。

選び方
ずっしりとした重みがあり、白くてハリのあるものを選ぶ。

栄養
根には消化酵素が多く、辛味成分には発がん性物質の分解作用がある。葉にはβ-カロテンやビタミンCが豊富。

おいしい時期

1月	2月	3月	4月	5月	6月	7月	8月	9月	10月	11月	12月

下ごしらえのコツ

買ってきたら根と葉を切り分ける
葉が根の水分を吸ってしまうので、葉つきの場合は根と葉を切り分けて。

サラダに向いているのは上の部分
上の部分は辛味が少ないのでサラダ向き。中央は煮もの、下の部分は漬けもの向き。

縦薄切り→千切りにするとシャッキリ
シャキシャキを楽しみたい場合は、縦に薄切りにしてから繊維に沿って千切りに。

輪切り→千切りにするとやわらか
やわらかい食感を楽しみたい場合は、輪切りにしてから繊維を断つように千切りに。

保存方法

まるごとの場合
葉つきの場合は根と葉を切り分ける。根は新聞紙で包んで葉に近い部分が上になるように立ててポリ袋をかぶせ、冷蔵庫で保存する。約1週間が目安。葉はポリ袋に入れ、冷蔵庫で保存する。1〜2日が目安。

カットしたものの場合
カットした根はラップで包み、冷蔵庫で保存する。3〜4日が目安。

Day 150

和食に合うサラダ

ポン酢しょうゆにごま油でコクをプラス！

塩もみ大根のサラダ

材料（2人分）
大根……200g
大根の葉（やわらかい部分）……20g
塩……小さじ1/3
A｜ポン酢しょうゆ……大さじ1
　　ごま油……小さじ1

エネルギー43kcal

1 大根は千切りにする。ボウルに入れ、塩をふって軽くもみ、大根がしんなりとしたらしっかりと水気を絞る。
2 鍋に湯を沸かし、大根の葉を1〜2分ゆでてザルに上げ、水気をきる。粗熱が取れたら水気を絞り、細かく刻む。
3 ボウルにAを入れてよく混ぜ、1と2を加えてあえる。

> 葉はやわらかい部分を使用し、さっとゆでてえぐ味を取り除いて。

Day 151 和食に合うサラダ

ゆずこしょうのピリッが味を引き立てます

大根と帆立てのサラダ

材料(2人分)
大根……180g
帆立て缶(水煮)……小1缶(70g)
塩……小さじ1/4
オリーブ油……小さじ1
A | マヨネーズ……大さじ2
　　ゆずこしょう、砂糖……各小さじ1/2

エネルギー152kcal

1 大根は短冊切りにする。ボウルに入れ、塩をふって軽くもむ。大根がしんなりとしたらしっかりと水気を絞ってボウルに戻し、オリーブ油を加えて混ぜる。
2 別のボウルに帆立てを缶汁ごと入れ、Aを加えてよく混ぜ、1を加えてあえる。

> 缶汁ごと使用して、凝縮されたうま味をドレッシングに加えます。

Day 152 アレンジレシピ

帆立てをハムにして彩りを加えます

大根とハムのサラダ

エネルギー163kcal

「大根と帆立てのサラダ」の帆立て缶(水煮)小1缶(70g)→半分に切ってから1cm幅に切ったハム3枚にする。Aのゆずこしょう小さじ1/2は除く。

材料(2人分)
大根……200g
干しえび(または桜えび)……大さじ1(10g)
シャンツァイ(あれば)……適量
A | レモン汁、ナンプラー……各大さじ1
　 | はちみつ……小さじ2

エネルギー57kcal

1 大根は細切りにする。干しえびは細かく刻む。シャンツァイは粗く刻む。
2 ポリ袋に干しえびとAを入れてよく混ぜ、大根を加えて、ポリ袋の上からもむように混ぜる。器に盛り、シャンツァイをのせる。

> もみすぎると水っぽくなるので、少ししんなりとするまでで大丈夫!

Day 153
エスニックに合うサラダ
干しえびのうま味がきいています
大根のソムタム風サラダ

---

part 1 大根のサラダ

材料(2人分)
大根(薄い輪切り)……6枚(90g)
スモークサーモン(刺身用・薄切り)
　……3枚
すし酢……大さじ2
A | オリーブ油……大さじ1
　 | 粗びき黒こしょう……少々

エネルギー115kcal

1 大根をバットに並べてすし酢をかけ、ときどき返しながら10〜15分おく。大根がしんなりとしたら、汁気をきる。スモークサーモンは長さを半分に切る。
2 大根1枚にスモークサーモン1切れをのせて巻く。残りも同様にする。
3 器に2の巻き終わりを下にして盛り、Aをかける。

> すし酢で大根に味をつけながらしんなりとさせて。

Day 154
お酒に合うサラダ
すし酢の香りがさわやか!
大根とサーモンのピンチョス

Day 155 アレンジレシピ
スモークサーモンを生ハムにして食感を変えます
大根と生ハムのピンチョス
エネルギー115kcal

「大根とサーモンのピンチョス」のスモークサーモン(刺身用・薄切り)3枚→生ハム小6枚にして、切らずに大根にのせて巻く。

ごぼう

独特の歯触り、かみごたえを堪能できます。炒めたり、煮たりと、食べ方のバリエーションは豊富です。

選び方
なるべく同じ太さで、ヒビ割れしていないものを選ぶ。

栄養
豊富に含まれている食物繊維が腸内環境をととのえ、大腸がんの予防に。血糖値やコレステロール値を抑制する働きも。

おいしい時期

| 1月 | 2月 | 3月 | 4月 | 5月 | 6月 | 7月 | 8月 | 9月 | 10月 | 11月 | 12月 |

下ごしらえのコツ

皮はアルミ箔でこそげる
うま味と香りのある皮はむかずに、アルミ箔やたわしでこすってこそげ取って。

ピーラーを使えばささがきも簡単
ささがきはピーラーで削るようにすれば、包丁よりもスムーズにできて厚みも均一。

切ったら水にさらさず、すぐにあえる
水にさらすとサポニンというポリフェノールが流失してしまうので、切ったらたらすぐにあえて。

保存方法

まるごとの場合
乾燥に弱いので、泥つきのまま新聞紙で包んでポリ袋に入れ、冷蔵庫(冬は涼しい場所)に立てて保存する。1〜2週間が目安。

カットしたものの場合
ラップで包み、冷蔵庫で保存する。2〜3日が目安。

Day 156 ごぼうのきんぴらサラダ

和食に合うサラダ

濃いめの甘辛味にして、水菜と一緒にどうぞ

材料(2人分)
ごぼう……1本(160g)
水菜……1株(40g)
ごま油……大さじ1/2
赤唐辛子(小口切り)……1本
A | しょうゆ……小さじ2
　| みりん……大さじ1/2
　| 酢……小さじ1

エネルギー100kcal

1 水菜は4〜5cm長さに切って冷水に5〜10分さらし、ザルに上げて水気をふく。ごぼうは千切りにする。
2 鍋にごま油を中火で熱し、ごぼうと赤唐辛子を炒める。全体に油が回ったら、Aを加えて汁気がほぼなくなるまで炒め合わせる。
3 器に水菜を盛り、2をのせる。

> アツアツのごぼうを水菜にのせ、よく混ぜて味をからめながらいただきます!

Day 157 アレンジレシピ
味つけを中華風にします
ごぼうの中華風きんぴらサラダ
エネルギー100kcal

「ごぼうのきんぴらサラダ」のA→酒小さじ2、みりん、酢各小さじ1、鶏ガラスープの素(顆粒)小さじ1/2、塩小さじ1/4にする。

Day 158 〈お酒に合うサラダ〉
パリッ&ポリッがやみつきになります
揚げごぼうのサラダ

材料(2人分)
ごぼう……大1本(200g)
A│しょうゆ……大さじ1/2
 │しょうが(すりおろす)……小さじ1
B│片栗粉、小麦粉……各大さじ1・1/2
揚げ油……適量
パセリ(ドライ)……適量

エネルギー161kcal

1 ごぼうは6〜7cm長さの乱切りにする。
2 ポリ袋にAと1を入れて軽くもみ、10〜15分おいて汁気をきる。
3 別のポリ袋にBを入れてよく混ぜ、2を加える。よくふって全体にまぶす。
4 揚げ油を170℃に熱し、3を4〜5分揚げる。カラリとしたら取り出し、油をきる。器に盛り、パセリをふる。

> ポリ袋を使って衣をつけると、全体にまんべんなくつきます。

材料(2人分)
ごぼう……1/2本(80g)
切り昆布(乾燥)……8g
めんつゆ(2倍濃縮)……小さじ2
A│マヨネーズ、いりごま(白)
 │……各小さじ2
 │酢……小さじ1

エネルギー89kcal

Day 159 〈和食に合うサラダ〉
食物繊維が豊富だから、デトックス効果もあります
ごぼうと切り昆布のサラダ

1 切り昆布は水に10〜15分つけて戻し、水気をきって食べやすい長さに切る。ごぼうはささがきにする。
2 耐熱ボウルに1とめんつゆを入れて混ぜ、ラップをして電子レンジで約3分加熱する。粗熱を取り、Aを加えてあえる。

> 電子レンジで加熱すると、少ない調味料でも下味がしっかりとつきます。

Day 160 アレンジレシピ
切り昆布を塩昆布にしてうま味をプラス
ごぼうと塩昆布のサラダ

エネルギー91kcal

「ごぼうと切り昆布のサラダ」の切り昆布(乾燥)8g→塩昆布(細切り)10gにして、めんつゆ(2倍濃縮)小さじ2は除く。ごぼうを2分〜2分30秒レンジ加熱して粗熱を取り、塩昆布、Aの順に加えてあえる。

Day 161

洋食に合うサラダ

トマトジュースをおいしく活用！
ごぼうのトマト煮サラダ

材料(2人分)
ごぼう……1本(160g)
にんにく(みじん切り)……1/2かけ
オリーブ油……小さじ1
A │ トマトジュース(無塩)……2/3カップ
　│ 水……大さじ3
　│ 洋風スープの素(顆粒)……小さじ1
　│ 砂糖……小さじ1/2

エネルギー94kcal

1 ごぼうは4～5cm長さに切ってから縦2～4つ割りにする。
2 フライパンにオリーブ油とにんにくを入れ、弱火で炒める。香りが立ったら中火にし、1を加えて炒め合わせる。
3 全体に油が回ったら、Aを加えて煮立て、弱火にしてふたをし、ときどき混ぜながら汁気がほぼなくなるまで約15分煮る。

> トマトジュースは焦げやすいので、弱火で混ぜながらゆっくりと火をとおして。

part 1　ごぼうのサラダ

れんこん

シャキシャキの歯ごたえがクセになります！切り方や調理の工夫で食感や味に変化が出ます。

選び方
ふっくらとした丸みがあり、皮にツヤのあるものを選ぶ。

栄養
免疫力を高めるビタミンC、便通をととのえる食物繊維が豊富。ポリフェノールの一種のタンニンには抗酸化作用もある。

おいしい時期
1月 2月 3月 4月 5月 6月 7月 8月 9月 10月 11月 12月

下ごしらえのコツ

皮をきれいにむくには中心から両端へ
中心と両端で太さが異なるので、中心→両端に向かって皮をむけば、無駄なくむける。

酢を加えてゆでると白くなる
ゆでるときに酢小さじ1〜2を加えると、れんこんが白くきれいにゆで上がる。

さっとゆでてシャキシャキに仕上げる
薄切りのれんこんをゆでる場合は、歯ごたえが残るようにゆで時間を1〜2分にする。

まるごと加熱するとホクホクに
ホクホクに仕上げたい場合は皮をむき、まるごとラップで包んでレンジ加熱して。

保存方法

まるごとの場合
新聞紙で包んでポリ袋に入れ、冷蔵庫で保存する。4〜5日が目安。

カットしたものの場合
ラップで包み、冷蔵庫で保存する。2〜3日が目安。

Day 162

お酒に合うサラダ

人気ののり塩味。一度食べたら止まりません

カリカリれんこんのサラダ

材料(2人分)
れんこん……150g
A│青のり……小さじ1/2
　│塩……小さじ1/4
揚げ油……適量

エネルギー85kcal

1 れんこんは薄い半月切りにする。Aは混ぜ合わせておく。
2 揚げ油を160℃(菜箸を入れ、箸先から静かに細かい泡が出てくるのが目安)に熱し、れんこんを揚げる。カラリとしたら、取り出して油をきる。
3 器に2を盛り、Aをふる。

> れんこんの水分を抜きながら、低温できつね色になるまでゆっくりと揚げます。

part 1 れんこんのサラダ

Day 163 洋食に合うサラダ

オリーブ油とレモン汁でこっくり、さっぱり

れんこんのたらこあえサラダ

材料(2人分)
れんこん……150g
たらこ……1／2はら(40g)
酢……小さじ1〜2
A│オリーブ油……小さじ1
　│レモン汁……小さじ1／2

エネルギー96kcal

1 れんこんは薄い輪切りにする。鍋に湯を沸かし、酢、れんこんの順に入れて1〜2分ゆで、ザルに上げて水気をきる。
2 たらこは薄皮に切り込みを入れ、包丁の先で中身をしごき出す。
3 ボウルに2とAを入れてよく混ぜ、1を加えてあえる。

> 薄切りにするとシャキッとした食感になり、たらこもからみやすい!

材料(2人分)
れんこん……200g
アンチョビ(フィレ)……2枚
A | パセリ(みじん切り)、オリーブ油
　　……各大さじ1
　| しょうゆ……小さじ1/2

エネルギー137kcal

1 れんこんはラップで包んで耐熱皿にのせ、電子レンジで2分～2分30秒加熱する。そのままおいて粗熱を取り、縦4～6つ割りにしてから3cm長さに切る。
2 アンチョビは細かく刻む。
3 ボウルに2とAを入れてよく混ぜ、1を加えてあえる。

> 細かく刻んだほうが、ドレッシングにもれんこんにもよくなじみます。

Day 164
（洋食に合うサラダ）
歯ごたえを感じるダイナミックな切り方で！
れんこんのアンチョビサラダ

材料(2人分)
れんこん……200g
オリーブ油……大さじ1/2
A | 塩、カレー粉……各小さじ1/3

エネルギー96kcal

1 れんこんは1～1.5cm厚さの半月切りにする。
2 フライパンにオリーブ油を弱めの中火で熱し、1を並べてふたをし、2～3分蒸し焼きにする。れんこんを裏返し、同様に1～2分蒸し焼きにする(水分がたりない場合は水大さじ1～2を加える)。
3 れんこんが透きとおったら器に盛り、Aをふる。

> 弱めの火加減でゆっくりと火をとおすと、サクサク＆もちもちの食感に。

Day 165
（エスニックに合うサラダ）
ほんのりスパイシーで食欲も出ます
焼きれんこんのカレー塩サラダ

Day 166 アレンジレシピ
ソーセージを加えてボリュームをアップ
焼きれんこんとソーセージのカレー塩サラダ
エネルギー160kcal

「焼きれんこんのカレー塩サラダ」に1cm厚さの斜め切りにしたウインナソーセージ2本を加えて、れんこんと一緒に蒸し焼きにする。

Column

\ 女子会にはコレ！/
フルーツたっぷりの サラダパーティー

白ワインやヨーグルト、スイートチリソースなどを使って、
フルーツをリッチなサラダに。おもてなしにもオススメです。

Day 167
フルーツ
マチェドニアサラダ
→ 作り方はP136

Day 168
バナナと
ベビーリーフのサラダ
→ 作り方はP136

Day 169
パイナップルとゴーヤの
スイートチリサラダ
→ 作り方はP137

Day 170
りんごとセロリの
ヨーグルトサラダ
→ 作り方はP137

Day 167 〈お酒に合うサラダ〉

レモンの酸味とはちみつの甘味が絶妙バランス

フルーツマチェドニアサラダ

材料（2人分）
- オレンジ……1/2個（60g）
- キウイ……1/2個（50g）
- バナナ……1/2本（50g）
- パイナップル（生・カットしてあるもの）……60g
- ブルーベリー（生）……30g
- **A**
  - 白ワイン（あれば）……大さじ2
  - はちみつ……大さじ1〜1・1/2
  - レモン汁……大さじ1

エネルギー113kcal

1 オレンジは果肉を1房ずつ取り出す。キウイは1cm厚さのいちょう切り、バナナは1cm厚さの輪切りにする。パイナップルは、大きいものは1cm厚さに切る。
2 保存容器にAを入れて混ぜ、1とブルーベリーを加えて軽く混ぜ合わせる。ときどき全体を混ぜながら、冷蔵庫に約1時間おいて味をなじませる。

> 形がくずれないようにときどき混ぜて、冷やしながら全体に味をしみ込ませます。

Day 168 〈洋食に合うサラダ〉

しょうゆをきかせたドレッシングが大人の味！

バナナとベビーリーフのサラダ

材料（2人分）
- バナナ……1本（100g）
- ベビーリーフ……大1パック（40g）
- **A**
  - オリーブ油、白ワインビネガー（またはりんご酢）……各大さじ1
  - しょうゆ……小さじ1/2
  - 塩……小さじ1/4

エネルギー106kcal

1 バナナは1cm厚さの斜め切りにする。ベビーリーフは冷水に5〜10分さらし、ザルに上げて水気をふく。
2 Aは混ぜ合わせておく。
3 器に1を盛り合わせ、2をかける。

> ベビーリーフがつぶれないように、ふんわりと盛りつけて。

Day 169

エスニックに合うサラダ

南国テイストでお酒もすすみます

パイナップルとゴーヤの スイートチリサラダ

材料(2人分)
パイナップル(生・カットしてあるもの)
……80g
ゴーヤ……1/3本(80g)
スパム缶……小1/3缶(70g)
A｜スイートチリソース、レモン汁
　　……各大さじ1
　　砂糖、ナンプラー……各小さじ1

エネルギー154kcal

1 パイナップルは薄切りにする。ゴーヤは縦半分に切ってから横に薄切りにする。鍋に湯を沸かし、ゴーヤを約1分ゆでてザルに上げ、水気をきる。スパムは細切りにする。
2 フライパンを中火で熱し、スパムの全体に焼き色がつくまで焼く。
3 ボウルにAを入れてよく混ぜ、パイナップルとゴーヤ、2を加えてあえる。

> 油を入れず、スパムの脂で焼くので油っぽくなりません。

Day 170

洋食に合うサラダ

ヨーグルトとマヨネーズでさっぱり&クリーミー

りんごとセロリのヨーグルトサラダ

材料(2人分)
りんご……1/2個(100g)
セロリ……1/2本(60g)
レーズン……20g
A｜プレーンヨーグルト……1/4カップ
　　マヨネーズ……大さじ1
　　塩、こしょう……各少々

エネルギー125kcal

1 ボウルにAを入れてよく混ぜ、レーズンを加えて5～10分おく。
2 りんごは皮つきのまま、4等分のくし形に切ってから薄切りにする。セロリは横に1cm幅に切る。
3 1に2を加えて混ぜ合わせる。

> レーズンがやわらかくなるまで漬けて、ドレッシングにうま味を加えます。

ほうれん草

選び方
葉がピンとしていて緑色が濃く、茎がしっかりとしているものを選ぶ。

栄養
貧血予防に効果的な鉄分、造血のビタミンといわれる葉酸を多く含む。抗酸化作用のあるβ-カロテンやビタミンCも豊富。

おいしい時期

1月	2月	3月	4月	5月	6月	7月	8月	9月	10月	11月	12月

冬になると葉が肉厚になり、甘味が増加。和風からエスニックまで、幅広い味でいただけます。

下ごしらえのコツ

水を吸わせてシャキッとさせる
買ってきたら根元と茎の下のほうを水につけると、水分を吸ってシャキッとする。

ゆでるときはかたい根元から入れる
湯にかたい根元を先に入れ、ひと呼吸おいてから茎と葉も入れてゆでて。

すぐに冷水にとって冷ます
ゆでたらすぐに冷水にとって冷まして。色が鮮やかになり、えぐ味とアクも抜ける。

あえる前にもう一度水気を絞る
水っぽくならないように、器に盛る前やあえる前に再度ギュッと強めに水気を絞る。

保存方法

まるごとの場合
新聞紙で包んで霧吹きで軽く濡らし、ポリ袋に入れる。根元が下になるように冷蔵庫に立てて保存。4〜5日が目安。

Day 171

とろ〜り卵がたまりません

ほうれん草の卵ソースサラダ

材料(2人分)
ほうれん草……小1束(180g)
卵……1個
A │ 牛乳……大さじ1/2
　│ 塩……小さじ1/4
　│ こしょう……少々
サラダ油……小さじ1
マヨネーズ……大さじ1

エネルギー117kcal

1 ほうれん草は3〜4cm長さに切る。ボウルに卵を溶きほぐし、Aを加えて混ぜ合わせる。
2 フライパンにサラダ油を強火で熱し、ほうれん草をさっと炒める。しんなりとしたら、器に盛る。
3 2のフライパンをペーパータオルでさっとふいてマヨネーズを入れ、中火で熱する。マヨネーズが少し溶けてきたら、卵液を流し入れて大きく混ぜながら炒める。卵が半熟状になったら、2にかける。

> 卵はソースにするので、半熟くらいがほうれん草にからみやすいです。

材料(2人分)
ほうれん草……1束(200g)
豚ひき肉……80g
A｜ナンプラー、レモン汁、水
　　……各大さじ1
　｜砂糖……大さじ1/2

エネルギー135kcal

1 鍋に湯を沸かし、ほうれん草を2〜3分ゆでる。冷水にとって冷まし、水気を絞って3〜4cm長さに切り、もう一度水気を絞ってから器に盛る。
2 フライパンを中火で熱し、ひき肉を炒める。ひき肉の色が変わってきたら、Aを加えて炒め合わせ、少し煮詰める。ひき肉に火がとおったら、調味料ごと1にかける。

> ドレッシングになるように、調味料が少し残るくらいまで煮詰めて。

Day 172　エスニックに合うサラダ
ナンプラーの塩気とレモンの酸味がいい！
ほうれん草とひき肉のタイ風サラダ

材料(2人分)
ほうれん草……1束(200g)
ハム……4枚
A｜しょうゆ……小さじ2
　｜酢……大さじ1/2
　｜砂糖、ごま油……各小さじ1
　｜練りからし……小さじ1/2

エネルギー112kcal

1 鍋に湯を沸かし、ほうれん草を2〜3分ゆでる。冷水にとって冷まし、水気を絞って長さを3等分に切り、もう一度水気を絞る。ハムは粗いみじん切りにする。
2 ボウルにAを入れてよく混ぜ、1を加えてあえる。

> 味ムラができないように、調味料が溶けるまでしっかりと混ぜます。

Day 173　和食に合うサラダ
からし酢じょうゆであえるだけ
ほうれん草とハムのサラダ

Day 174 お酒に合うサラダ

香りづけした油をかけて、軽く火をとおすのがワザ！

ほうれん草のガーリックサラダ

材料(2人分)
ほうれん草……1/2束(100g)
にんにく(薄切り)……1かけ
A｜ポン酢しょうゆ……小さじ4
　｜昆布茶……小さじ1/2
オリーブ油……大さじ1

エネルギー78kcal

1 ほうれん草は食べやすい長さに切る。
2 ボウルにAを入れてよく混ぜ、1を加えてさっとあえる。
3 フライパンにオリーブ油とにんにくを入れ、中火で炒める。にんにくが色づいてきたら、油ごと2に加えて手早く混ぜ合わせる。

> 焦げると苦味が出るので、焦がさないようにカリッと炒めて！

Day 175 アレンジレシピ
温泉卵を加えてボリュームをアップします
ほうれん草の温泉卵のせガーリックサラダ
エネルギー116kcal

「ほうれん草のガーリックサラダ」の仕上げに温泉卵(市販)1個を割り落とし、くずしてほうれん草にからめながらいただく。

小松菜

栄養価が高く、冬になると甘味がアップします。シャッキリ感を残すように、さっと火をとおすのがポイント。

選び方
葉が肉厚でみずみずしく、緑色が鮮やかなものを選ぶ。

栄養
カルシウム、鉄分、β-カロテンが豊富。カルシウムは骨粗しょう症予防、鉄分は貧血予防、β-カロテンは老化予防などに効果的。

おいしい時期

1月 2月 3月 4月 5月 6月 7月 8月 9月 10月 11月 12月

下ごしらえのコツ

外側と内側の葉に分けて使う
外側はかたいので加熱する料理、内側はやわらかいので生でいただく料理向き。

ザルに上げて水気をきる
ゆでたものは水にとらず、ザルに上げて水気をきると水っぽくならない。

しょうゆをかけておくと味がぼやけない
おろしかけやお浸しなどにする場合は、ゆでて切ったあとに、しょうゆで下味をつけておくと味がぼやけない。

保存方法

まるごとの場合
新聞紙で包んで霧吹きで軽く濡らし、ポリ袋に入れる。根元が下になるように冷蔵庫に立てて保存。4～5日が目安。

Day 176

中華に合うサラダ

長ねぎの香ばしさがクセになります
小松菜のねぎ油サラダ

材料(2人分)
小松菜……1/3束(80g)
長ねぎ……1/3本(20g)
にんにく……1/2かけ
A｜ごま油……大さじ1
　｜サラダ油……大さじ1/2
塩……小さじ1/3

エネルギー95kcal

1 小松菜は食べやすい長さに切って器に盛る。
2 長ねぎとにんにくはみじん切りにする。
3 フライパンにAと2を入れ、弱火で炒める。長ねぎが色づいてきたら火を止め、塩を加えて混ぜる。熱いうちに油ごと1にかける。

> 2種の油使いで香りを薬味にほどよくまとわせます。

Day 177 アレンジレシピ
粉山椒を加えてピリッと香りを立たせます
小松菜の山椒ねぎ油サラダ
エネルギー95kcal

「小松菜のねぎ油サラダ」に粉山椒小さじ1/4を加え、塩と一緒に混ぜる。

Day 178 和食に合うサラダ

豆腐＋マヨネーズのソースがやさしい味

小松菜の白あえ風サラダ

材料(2人分)
小松菜……1／2束(120g)
絹ごし豆腐……40g
A | マヨネーズ、すりごま(白)……各小さじ4
　　しょうゆ……大さじ1／2

エネルギー100kcal

1 鍋に湯を沸かし、小松菜を1～2分ゆでてザルに上げ、水気をきる。粗熱が取れたら、3～4cm長さに切って水気を絞る。
2 豆腐は水気をきってボウルに入れ、Aを加えて泡立て器で混ぜる。なめらかになったら、1を加えてあえる。

> 小松菜になじみやすいように泡立て器でよく混ぜ合わせて。

材料(2人分)
小松菜……1／2束(120g)
桜えび……大さじ2(8g)
オリーブ油……大さじ1
しょうゆ……小さじ1
塩、こしょう……各少々

エネルギー78kcal

1 小松菜は3〜4cm長さに切る。
2 フライパンにオリーブ油と桜えびを入れ、弱火で炒める。香りが立ってきたら1を加え、しょうゆをふってふたをし、中火にしてときどき混ぜ合わせながら3〜4分蒸し焼きにする。
3 小松菜がしんなりとしたら、塩、こしょうで味をととのえる。

火のとおりが同じになるように、かたい茎→やわらかい葉の順に加えます。

Day 179 〈お酒に合うサラダ〉
桜えびのうま味がしみています
小松菜と桜えびの蒸しサラダ

材料(2人分)
小松菜……2／3束(160g)
大根……120g
なめたけ……大さじ4
しょうゆ……小さじ1

エネルギー43kcal

1 鍋に湯を沸かし、小松菜を1〜2分ゆでてザルに上げ、水気をきる。粗熱が取れたら、3〜4cm長さに切って水気を絞り、しょうゆをかける。
2 大根はすりおろし、軽く汁気をきってボウルに入れる。なめたけを加えて混ぜ合わせる。
3 もう一度1の汁気を絞ってから器に盛り、2をかける。

汁気は軽く絞る程度でOK。ギュッと絞ると筋っぽくなります。

Day 180 〈和食に合うサラダ〉
食欲のない日でもペロリ！
小松菜のなめたけおろしかけ

Day 181 アレンジレシピ
なめたけをしらすにしてさっぱりと
小松菜のしらすおろしかけ
エネルギー37kcal

「小松菜のなめたけおろしかけ」のなめたけ大さじ4→しらす干し大さじ2(20g)にする。味がものたりない場合は、ポン酢しょうゆ適量をかける。

春菊

独特の香りとほろ苦さがおいしい野菜です。鍋料理などで使わずに残ったものも、サラダにおいしく活用して!

選び方
茎が太すぎず、葉がピンとしていて緑色が濃いものを選ぶ。

栄養
かぜ予防や粘膜強化に有効なβ-カロテンが豊富。独特の香り成分には食欲増進や胃腸の働きをよくする効果がある。

おいしい時期
1月 2月 3月 4月 5月 6月 7月 8月 9月 10月 11月 12月

下ごしらえのコツ

生の場合はやわらかい葉を使用
茎はかたいので、生で食べる場合はやわらかい葉を摘んで使用して。

冷水にさらしてシャキッとさせる
生で食べる場合は、冷水に5〜10分さらしてシャキッとさせ、歯触りをよくする。

水っぽくならないように水気をふく
ザルに上げて水気をきり、さらにペーパータオルでやさしく包んで水気をふいて。

ゆでるときは茎ごとさっとゆでる
お浸しなどにする場合は、茎ごと10〜20秒ゆでる(茎が太い場合は約30秒)。

保存方法

まるごとの場合
新聞紙で包んで霧吹きで軽く濡らし、ポリ袋に入れる。根元が下になるように冷蔵庫に立てて保存。4〜5日が目安。

葉を摘んだものの場合
冷水にさらし、軽く水気をきる。ペーパータオルを敷いたポリ袋に入れて冷蔵庫で保存。1〜2日が目安。

Day 182 和食に合うサラダ

こってりしすぎず、ほのかな梅の酸味で食べやすい！

春菊の梅マヨサラダ

材料（2人分）
春菊……1/2束（80g）
梅干し……2個（24g）
A | マヨネーズ……大さじ1・1/2
　　　砂糖……小さじ1/2

エネルギー76kcal

1 春菊はやわらかい葉を摘み、大きいものは食べやすい長さにちぎる。冷水に5〜10分さらし、ザルに上げて水気をふく。梅干しは種を取り、包丁で細かくたたく。
2 ボウルに梅干しと**A**を入れてよく混ぜ、春菊を加えてあえる。

> 春菊をつぶさず、調味料を全体になじませるようにやさしくあえます。

part 1 春菊のサラダ

Day 183 アレンジレシピ
梅干しを明太子にして味と食感を変えます
春菊の明太マヨサラダ
エネルギー97kcal

「春菊の梅マヨサラダ」の梅干し2個（24g）→中身をしごき出した辛子明太子1/2はら（40g）にする。

Day 184
お酒に合うサラダ
コチュジャン味で大人向けの一品に
春菊といかの韓国風サラダ

材料(2人分)
春菊……1/2束(80g)
いか(刺身用・細切り)……70g
A│ すりごま(白)、コチュジャン、酢
　　……各大さじ1
　│ 砂糖……小さじ2
　│ にんにく(すりおろす)……小さじ1/3

エネルギー88kcal

1 春菊はやわらかい葉を摘み、大きいものは食べやすい長さにちぎる。冷水に5〜10分さらし、ザルに上げて水気をふく。
2 ボウルにAを入れてよく混ぜ、いかを加えて混ぜ合わせる。1を加えて、大きく混ぜるようにあえる。

先にいかをドレッシングに混ぜておくと、全体に味がなじみやすい!

Day 185
洋食に合うサラダ
ポテトチップスのアクセントがGOOD!
春菊のポテチサラダ

材料(2人分)
春菊……1/2束(80g)
A│ 粒マスタード、酢……各大さじ1
　│ オリーブ油……小さじ2
　│ しょうゆ……小さじ1
　│ 塩……少々
ポテトチップス(コンソメ味)……10g

エネルギー118kcal

1 春菊はやわらかい葉を摘み、大きいものは食べやすい長さにちぎる。冷水に5〜10分さらし、ザルに上げて水気をふく。
2 ボウルにAを入れてよく混ぜ、1を加えてさっとあえる。器に盛り、ポテトチップスを粗く砕いてのせる。

混ぜすぎるとしんなりとしてしまうので、ふんわりとあえて。

Day 186 アレンジレシピ
ポテトチップスをアーモンドにして食感を変えます
春菊のアーモンドサラダ
エネルギー136kcal

「春菊のポテチサラダ」のポテトチップス(コンソメ味)10g→アーモンドスライス15gにして、フライパンで軽くいって仕上げに散らす。

148

Day 187

和食に合うサラダ

だしとしょうゆでしみじみとしたおいしさに

春菊としめじのお浸し風サラダ

材料(2人分)
春菊……1束(160g)
しめじ……1/2パック(50g)
A※ | だし汁……大さじ2
   | しょうゆ……小さじ2
   | みりん……小さじ1/2

エネルギー30kcal

※Aはめんつゆ(ストレート)大さじ2にしても。

1 鍋に湯を沸かし、春菊を10～20秒ゆでてザルに上げ、水気をきる。粗熱が取れたら3～4cm長さに切り、茎の太い部分はさらに縦半分に切ってから水気を絞る。
2 しめじは小房に分ける。鍋に湯を沸かし、しめじを1～2分ゆでてザルに上げ、水気をきる。
3 ボウルにAを入れてよく混ぜ、1と2を加えてあえる。食べる直前まで冷蔵庫で冷やす。

> 冷やすことで味が中までしっかりと入ります。

part 1 春菊のサラダ

水菜

シャキシャキの歯ごたえが楽しい！淡泊でクセがないので、モリモリと食べられます。

選び方
葉がピンとしていて、鮮やかな緑色のものを選ぶ。

栄養
β-カロテン、ビタミンCを多く含み、抗酸化作用や免疫力アップなどに効果的。骨を丈夫にするカルシウムも豊富。

おいしい時期
1月 2月 3月 4月 5月 6月 7月 8月 9月 10月 11月 12月

下ごしらえのコツ

冷水にさらしてパリッとさせる
切った水菜は冷水に5〜10分さらしてパリッとさせ、歯触りをよくする。水よりも冷水のほうがシャキッとする。

水っぽくならないように水気をふく
水気が残っていると水っぽくなる原因に。ザルに上げて水気をきり、ペーパータオルでやさしく包むように水気をふいて。

保存方法

まるごとの場合
新聞紙で包んで霧吹きで軽く濡らし、ポリ袋に入れる。根元が下になるように冷蔵庫に立てて保存。2〜3日が目安。

切ったものの場合
冷水にさらし、軽く水気をきる。ペーパータオルを敷いたポリ袋に入れて冷蔵庫で保存。水気もきれて鮮度も保たれる。1〜2日が目安。

材料(2人分)
水菜……1/2束(100g)
A 酢……大さじ1・1/2
　しょうゆ、ごま油……各大さじ1
　砂糖、はちみつ……各小さじ2
　しょうが(みじん切り)……1/2かけ
　にんにく(すりおろす)……小さじ1
　豆板醤……小さじ1/3

エネルギー114kcal

1 水菜は3〜4cm長さに切る。冷水に5〜10分さらし、ザルに上げて水気をふき、器に盛る。
2 小さめの鍋にAを入れて中火で熱し、煮立つ直前まで温めて1にかける。

アツアツをかけると、水菜が少ししんなりとして食べやすくなります。

Day 188
中華に合うサラダ

たれが絶品！一度食べたらやみつきに
水菜のユーリンチーだれサラダ

Part 1 水菜のサラダ

材料(2人分)
水菜……1/2束(100g)
サラミ(薄切り)……20g
A オリーブ油、レモン汁……各小さじ1
　塩……小さじ1/4
すりごま(白)……大さじ1

エネルギー98kcal

1 サラミは細切りにする。ボウルにAを入れてよく混ぜ、サラミを加えて混ぜ合わせ、約5分おく。
2 水菜は3〜4cm長さに切る。冷水に5〜10分さらし、ザルに上げて水気をふく。
3 1に2を加えて軽くあえ、ごまを加えて混ぜ合わせる。

水菜とあえやすいように、サラミはドレッシングに漬けてやわらかくして！

Day 189
洋食に合うサラダ

最後にごまを加えて、風味豊かに仕上げます
水菜とサラミのサラダ

Day 190 アレンジレシピ
サラミをはんぺんにしてボリュームをアップ
水菜とはんぺんのサラダ
エネルギー62kcal

「水菜とサラミのサラダ」のサラミ(薄切り)20g→細切りにしたはんぺん1/3枚(30g)にする。Aに加えず、水菜と一緒にあえる。

Day 191 和食に合うサラダ

3つの食感が口の中でおいしく融合!

水菜とかまぼこのカリカリ梅サラダ

材料(2人分)
水菜……小2株(70g)
かまぼこ……60g
カリカリ梅……5〜6個
マヨネーズ……大さじ1・1/2

エネルギー98kcal

1 水菜は3〜4cm長さに切る。冷水に5〜10分さらし、ザルに上げて水気をふく。かまぼこは1cm幅に切ってから縦に薄切りにする。カリカリ梅は種を取り、粗く刻む。
2 ボウルにカリカリ梅とマヨネーズを入れてよく混ぜ、水菜とかまぼこを加えてあえる。

> カリカリ梅は、少し粗く刻んだほうが食感を楽しめます。

Day 192 アレンジレシピ

カリカリ梅をわさびにして味を変えます
水菜とかまぼこのわさびサラダ

エネルギー102kcal

「水菜とかまぼこのカリカリ梅サラダ」のカリカリ梅5〜6個→練りわさび、しょうゆ各小さじ1/2にして、仕上げに刻みのり適量をのせる。

Day 193

和食に合うサラダ

ゆずこしょうがピリッとさわやかです
水菜の豚しゃぶ巻きサラダ

材料（2人分）
水菜……小1株（30g）
豚ロース薄切り肉（しゃぶしゃぶ用）
　……8枚（100g）
A｜ポン酢しょうゆ……大さじ1
　｜ゆずこしょう、ごま油……各小さじ1
水……1/4カップ

エネルギー159kcal

1 水菜は3〜4㎝長さに切る。Aは混ぜ合わせておく。
2 鍋にたっぷりの湯を沸かし、水を加えて約80℃に下げる。豚肉を1枚ずつ広げながら加えてゆで、豚肉の色が変わったら、ザルに取り出して水気をきる。
3 2を1枚ずつ縦長におき、手前に水菜を1/8量ずつのせてクルクルと巻く。
4 3の巻き終わりを下にして器に盛り、Aをかける。

沸騰した湯でゆでると豚肉がかたくなるので、水を加えて少し冷まして。

白菜

かぜ予防にもぴったりなビタミンCが豊富です。甘味があってみずみずしいので、生のままでもおいしい！

選び方
ずっしりとした重みがあり、巻きがしっかりとしているものを選ぶ。

栄養
余分な塩分を排出し、むくみや高血圧を予防するカリウムが豊富。ビタミンCも多く、ストレスをやわらげる効果も。

おいしい時期
1月 2月 3月 4月 5月 6月 7月 8月 9月 10月 11月 12月

下ごしらえのコツ

芯と葉の部分の食感の違いを楽しむ
芯は歯ごたえがあり、葉はやわらかいので、切り分けて食感の違いを楽しんでも。

塩もみをして余分な水分を出す
少量の塩でもむと余分な水分が抜ける。水っぽくならないように水洗いもしなくてOK。

繊維に沿って切るとシャキシャキに
シャキッとした歯触りを楽しみたい場合は、繊維に沿って切る。

繊維を断つように切るとやわらかに
ふんわり、やわらかい歯触りを楽しみたい場合は、繊維を断つように切って。

保存方法

1／2個の場合
芯から傷んでいくので、切り込みを入れて成長をストップさせる。新聞紙で包んでポリ袋に入れ、芯を下にして冷蔵庫で保存。1～2週間が目安。

カットしたものの場合
ラップで包み、芯を下にして冷蔵庫で保存する。約1週間が目安。

Day 194 中華に合うサラダ

昆布茶のかくし味でワンランクアップ！
白菜とにんじんのラーパーツァイ

味がなじみやすいように、野菜が温かいうちにドレッシングに加えて混ぜます。

材料(2人分)
白菜……2枚(200g)
にんじん……40g
A｜赤唐辛子……1/2本
　　しょうゆ、酢……各小さじ2
　　砂糖……大さじ1/2
　　昆布茶……小さじ1
　　塩……少々
ごま油……大さじ1

エネルギー99kcal

1 白菜は芯と葉の部分に切り分け、それぞれ長さを半分に切る。芯の部分は繊維に沿って細切りにする。葉の部分は繊維に沿って2cm幅に切る。にんじんは千切りにする。
2 鍋に湯を沸かし、白菜の芯の部分とにんじんを入れる。再び沸騰したら白菜の葉の部分を加えて2〜3分ゆで、ザルに上げて水気をきる。粗熱を取り、水気を絞る。
3 ボウルにAを入れてよく混ぜ、2を加えて混ぜ合わせる。
4 小さめのフライパンにごま油を弱火で熱し、煙が立ったら3に加えて、すぐに全体をよくあえる。

part 1 白菜のサラダ

Day 195 アレンジレシピ
にんじんをゆずの皮にしてさわやかに
白菜とゆずのラーパーツァイ
エネルギー94kcal

「白菜とにんじんのラーパーツァイ」のにんじん40g→千切りにしたゆずの皮1/4個分にする。ゆずの皮はゆでずに白菜と一緒にAと混ぜる。

材料(2人分)
白菜……2枚(200g)
シャンツァイ(あれば)……適量
A 赤唐辛子(小口切り)……1/2本
　レモン汁……大さじ1
　ナンプラー、オリーブ油
　　……各小さじ2
　砂糖……小さじ1

エネルギー81kcal

1 白菜は長さを2〜3等分に切って重ね、繊維を断つように細切りにする。シャンツァイは粗く刻む。
2 ボウルにAを入れてよく混ぜ、白菜を加えてあえる。器に盛り、シャンツァイをのせる。

> 白菜を生で食べる場合は水分が出やすいので、あえたらすぐにいただきます！

Day 196　〈エスニックに合うサラダ〉
好きな方はシャンツァイをたっぷりとのせて
白菜のエスニックサラダ

材料(2人分)
白菜……2枚(200g)
A しょうゆ……小さじ2
　酢、砂糖、ごま油……各大さじ1/2
削り節……小2パック(6g)

エネルギー67kcal

1 白菜は4〜5cm長さに切ってから繊維に沿って細切りにする。
2 ボウルにAを入れてよく混ぜ、1を加えてあえる。器に盛り、削り節をのせる。

> 削り節は余分な汁気を吸ってくれるので、たっぷりとのせるのがオススメ。

Day 197　〈和食に合うサラダ〉
おかかたっぷり！
生の歯ごたえも楽しいです
白菜のおかかサラダ

Day 198　アレンジレシピ
削り節を焼きのりにして磯の風味をプラス
白菜ののりサラダ

エネルギー59kcal

「白菜のおかかサラダ」の削り節小2パック(6g) → 焼きのり(全形)1枚にする。焼きのりは軽くあぶり、ポリ袋に入れてもんでから仕上げにのせる。

Day 199

和食に合うサラダ

紅しょうがの酸味があとを引く味
白菜の紅しょうがマヨサラダ

材料(2人分)
白菜……2枚(200g)
塩……小さじ1/4
A│紅しょうが(みじん切り)……10g
 │マヨネーズ……大さじ1・1/2

エネルギー77kcal

1 白菜は長さを2～3等分に切って重ね、繊維を断つように細切りにする。ボウルに入れ、塩をふって軽くもみ、白菜がしんなりとしたら水気を絞る。
2 ボウルにAを入れてよく混ぜ、1を加えてあえる。

> ベチャッとした仕上がりにならないように、水気はしっかりと絞ります。

長ねぎ

冬になるとうま味や風味がアップします。生と加熱した場合のサラダでは、味も歯触りも異なります。

選び方
ほどよい太さがあり、締まっているものを選ぶ。

栄養
香り成分のアリシンには、疲労回復作用や細菌から体を守る強い殺菌作用がある。免疫力を高める効果も。

おいしい時期

1月	2月	3月	4月	5月	6月	7月	8月	9月	10月	11月	12月

下ごしらえのコツ

買ってきたら根元を切り落とす
根元が栄養を吸収するので、買ってきたら根元の少しかたい部分を薄く切り落とす。

かたい外側の皮をむいてから調理する
外側の皮が乾燥してかたくなっている場合は、皮を1枚むいてから調理して。

千切りにする場合は、芯を取り除く
切り込みを入れ、やわらかくてぬめりのある芯を取り除いてから千切りにして。

さっとゆでると甘味が増す
少し甘味を引き出したい場合や辛味が気になる場合は、2〜3分ゆでる。

保存方法

まるごとの場合
ポリ袋を上下からかぶせて包み、冷蔵庫で保存する。約1週間が目安。

カットしたものの場合
ラップで包み、冷蔵庫で保存する。4〜5日が目安。

材料（2人分）
長ねぎ……1・1/2本（120g）
A 赤唐辛子（小口切り）……1/2本
　だし汁、酢……各大さじ3
　しょうゆ、砂糖……各大さじ1
ごま油……小さじ2

エネルギー85kcal

1 長ねぎは4cm長さに切る。
2 ボウルにAを入れてよく混ぜる。
3 フライパンにごま油を中火で熱し、1を転がしながら焼く。全体に焼き色がついたらふたをし、弱めの中火にして約5分蒸し焼きにする。長ねぎがしんなりとしたら2に加え、ときどき返しながら5～10分漬ける。

Day 200　和食に合うサラダ
だしの香りがきいて、滋味深い
長ねぎの焼き浸しサラダ

長ねぎの甘味を引き出すように、ゆっくりと火をとおして。

材料（2人分）
長ねぎ……1・1/2本（120g）
A 焼き肉のたれ……小さじ4
　酢……小さじ1
　ラー油……小さじ1/2
いりごま（白）……小さじ1

エネルギー57kcal

1 長ねぎは5cm長さに切ってから千切りにする。冷水に約5分さらし、ザルに上げて水気をふく。
2 ボウルにAを入れてよく混ぜ、1を加えて手であえる。長ねぎがしんなりとしたら器に盛り、ごまをふる。

千切りは細いので、手であえると味が全体に行き渡ります。

Day 201　お酒に合うサラダ
焼き肉のたれを活用すれば、味つけの失敗もなし！
千切りねぎのサラダ

Day 202 アレンジレシピ
キムチを加えて辛味とボリュームをプラス
千切りねぎのキムチサラダ
エネルギー57kcal

「千切りねぎのサラダ」のAのラー油小さじ1/2→みじん切りにした白菜キムチ（40g）にする。

Day 203 〈和食に合うサラダ〉

厚めに切ってレンジ加熱すれば、シャッキリ!

長ねぎとツナのごまサラダ

材料(2人分)
長ねぎ……2本(160g)
ツナ缶(油漬け)……小1缶(80g)
しょうゆ……小さじ2
A │ すりごま(白)……大さじ1
　│ 酢……小さじ1

エネルギー79kcal

1　長ねぎは縦半分に切ってから1cm厚さの斜め切りにする。
2　耐熱ボウルに1とツナを缶汁ごと入れ、しょうゆを加えて混ぜる。ふんわりとラップをして電子レンジで1分30秒～2分加熱し、Aを加えて混ぜ合わせる。

> すりごまは先に加えると香りが飛ぶので、最後に混ぜて香りを立たせて。

Day 204 アレンジレシピ
ツナをかまぼこにして食感を変えます

長ねぎとかまぼこのごまサラダ

エネルギー93kcal

「長ねぎとツナのごまサラダ」のツナ缶(油漬け)小1缶(80g)は除く。長ねぎをレンジ加熱するとき、しょうゆと一緒にごま油小さじ1を加える。細切りにしたかまぼこ50gを加え、Aと一緒に混ぜる。

Day 205

お酒に合うサラダ

からし酢みそがほっとなごむ味です

長ねぎの酢みそサラダ

材料（2人分）
長ねぎ……2本（160g）
A｜みそ、マヨネーズ……各大さじ1
　｜酢……小さじ1
　｜練りからし、砂糖……各小さじ1/2
刻みのり……適量

エネルギー91kcal

1 長ねぎは3〜4cm長さに切ってから縦半分に切る。鍋に湯を沸かし、長ねぎを2〜3分ゆでてザルに上げ、水気をきる。Aは混ぜ合わせておく。
2 器に長ねぎを盛ってAをかけ、刻みのりをのせる。

> しんなりとするまでゆでると、甘味が増します。

ブロッコリー

栄養面でも注目されている野菜です。蒸しゆでにすれば食感が残り、ベチャッとしません。

選び方
つぼみが締まっていて、緑色が濃いものを選ぶ。

栄養
がんの抑制効果が高いスルフォラファン、抗酸化作用のあるβ-カロテン、かぜ予防に役立つビタミンCなどが豊富。

おいしい時期

| 1月 | 2月 | 3月 | 4月 | 5月 | 6月 | 7月 | 8月 | 9月 | 10月 | 11月 | 12月 |

下ごしらえのコツ

重曹を溶かした水に浸して虫を除く
重曹約小さじ1を溶かした水に約15分浸して、虫を取り除く。

軸の根元に包丁を入れて小房に分ける
かたい茎を切り落とし、分かれた軸の根元に包丁を入れて、小房に切り分ける。

茎は皮を厚めに切り落とす
茎も食べられるので好みで加えても。外側の皮がかたいので、厚めに切り落として。

水っぽくならないように蒸しゆでにする
ゆでると水っぽくなるので、少量の水でふっくらと蒸しゆでにして。

保存方法

まるごとの場合
ポリ袋に入れ、茎が下になるように冷蔵庫に立てて保存する。4〜5日が目安。

Day 206

洋食に合うサラダ

ゆで卵＋マヨネーズがおいしくからみます

ブロッコリーのタルタルサラダ

> ゆで卵の食感を楽しめるように粗く刻みます。

材料(2人分)
ブロッコリー……1/2株(120g)
卵……1個
水……大さじ3
A｜マヨネーズ、プレーンヨーグルト
　　……各大さじ1
　　マスタード……小さじ1
　　塩……小さじ1/4
　　こしょう……少々

エネルギー118kcal

1 小さめの鍋にたっぷりの湯を沸かし、卵を11～12分ゆでる。冷水にとって冷まし、殻をむいて粗く刻む。
2 ブロッコリーは小房に切り分ける。フライパンにブロッコリーを入れて水をふり、ふたをして強火で約2分蒸しゆでにし、火を止めて1～2分蒸らす。ザルに上げて水気をきり、粗熱が取れたら大きいものは縦半分に切る。
3 ボウルにAを入れてよく混ぜ、1と2を加えてさっくりと混ぜ合わせる。

part 1　ブロッコリーのサラダ

Day 207 アレンジレシピ
チーズをのせて焼いてホットサラダにします
ブロッコリーのタルタルホットサラダ
エネルギー156kcal

「ブロッコリーのタルタルサラダ」を耐熱皿に入れ、ピザ用チーズ20gを散らしてオーブントースターで5～7分焼く。

Day 208 ブロッコリーとトマトのサラダ

洋食に合うサラダ

鮮やかな色合いで食卓が華やかに

材料(2人分)
ブロッコリー(小房)……1/2株(120g)
トマト(乱切り)……1/2個(70g)
水……大さじ3
A│ 玉ねぎ(すりおろす)……30g
　│ オリーブ油……大さじ1
　│ レモン汁……大さじ1/2
　│ 砂糖……小さじ1/2
　│ 塩……小さじ1/4

エネルギー90kcal

1 ブロッコリーは水をふり、蒸しゆでにして水気をきる(P163・2参照)。粗熱が取れたら大きいものは縦半分に切る。
2 ボウルにAを入れてよく混ぜ、1とトマトを加えてあえる。

> 熱いうちにあえると余熱でトマトに火が入ってしまうので、粗熱を取ります。

Day 209 ブロッコリーのピーナッツバターサラダ

洋食に合うサラダ

少し甘めに、こっくりと仕上げます

材料(2人分)
ブロッコリー(小房)……1/2株(120g)
水……大さじ3
A│ ピーナッツバター
　│　(クラッシュタイプ・加糖)……大さじ3
　│ 砂糖……小さじ1
しょうゆ……小さじ2

エネルギー174kcal

1 ブロッコリーは水をふり、蒸しゆでにして水気をきる(P163・2参照)。温かいうちに大きいものは縦半分に切る。
2 ボウルにAを入れてよく混ぜ、しょうゆを少しずつ加えながら溶きのばす。1を加えてあえる。

> ドレッシングをブロッコリーの余熱でなめらかにしたいので、温かいうちにあえて。

Day 210 アレンジレシピ
ミニトマトを加えて酸味とボリュームをアップ
ブロッコリーとミニトマトのピーナッツバターサラダ

エネルギー181kcal

> 「ブロッコリーのピーナッツバターサラダ」に縦半分に切ったミニトマト4個(60g)を加え、ブロッコリーと一緒にあえる。

Day 211

お酒に合うサラダ

にんにく風味のパン粉でおしゃれに演出！

ブロッコリーとえびのカリカリパン粉サラダ

材料（2人分）
ブロッコリー……1/2株（120g）
ゆでえび……6尾
パセリ（ドライ）……小さじ1
水……大さじ3
オリーブ油……小さじ2
A｜パン粉……大さじ4
　｜にんにく（すりおろし）……小さじ1
　｜塩……小さじ1/4
　｜こしょう……少々

エネルギー127kcal

1 ブロッコリーは小房に切り分ける。フライパンにブロッコリーを入れて水をふり、ふたをして強火で約2分蒸しゆでにし、火を止めて1～2分蒸らす。ザルに上げて水気をきり、粗熱が取れたら大きいものは縦半分に切る。ゆでえびは尾に近い1節を残して殻をむき、背ワタを取る。
2 フライパンにオリーブ油を弱火で熱し、Aを炒める。パン粉がきつね色になったら火を止め、パセリを加えて混ぜ合わせる。
3 器に1を盛り合わせ、2をかける。

> カリッとした食感にしたいので、焦がさないように弱火でゆっくりと炒めて。

カリフラワー

独特の歯ごたえ、やさしい甘さが魅力！
フルーツやアンチョビなどと組み合わせて楽しめます。

選び方
つぼみがかたく締まっていて、純白なものを選ぶ。

栄養
豊富に含まれているビタミンCがコラーゲンの生成を助けて皮膚を強化し、美肌＆美白効果がある。

おいしい時期
1月 2月 3月 4月 5月 6月 7月 8月 9月 10月 11月 12月

下ごしらえのコツ

かたい葉は1枚ずつはがす
葉はかたいので、つけ根に切り込みを入れて1枚ずつはがしていく。

重曹を溶かした水に浸して虫を除く
重曹約小さじ1を溶かした水に約15分浸して、虫を取り除く。

茎のほうから小房に切り分ける
茎を上にして、軸の根元に包丁を入れて小房に切り分けると、バラバラにならない。

食感が残るようにさっとゆでる
ゆですぎるとクタクタになってしまうので、ゆで時間は食感が残るように3〜4分で。

保存方法

まるごとの場合
かたい葉をはがしてポリ袋に入れ、冷蔵庫で保存する。4〜5日が目安。

Day 212 洋食に合うサラダ

果肉と果汁を使ってさわやかに！
カリフラワーのグレープフルーツマリネ

果汁もドレッシングに活用して、甘味と酸味をプラス！

材料(2人分)
カリフラワー……1/2株(180g)
グレープフルーツ……大1個(180g)
A | オリーブ油……大さじ1
　| はちみつ……小さじ1
　| 塩……小さじ1/4

エネルギー124kcal

1 カリフラワーは小房に切り分ける。鍋に湯を沸かし、カリフラワーを3〜4分ゆでてザルに上げ、水気をきる。粗熱が取れたら大きいものは縦半分に切る。
2 グレープフルーツは上下を少し切り落とし、薄皮ごと皮をむく。薄皮に沿ってV字に切り込みを入れながら、果肉を取り出す。残った薄皮を絞り、果汁大さじ3を取り分ける。
3 ボウルにグレープフルーツの果汁とAを入れてよく混ぜ、1とグレープフルーツの果肉を加えてあえる。食べる直前まで冷蔵庫で冷やす。

part 1 カリフラワーのサラダ

Day 213 アレンジレシピ
グレープフルーツをマーマレードにして甘めに仕上げます
カリフラワーのマーマレードマリネ
エネルギー95kcal

「カリフラワーのグレープフルーツマリネ」のグレープフルーツ大1個(180g)は除き、A→レモン汁大さじ2、オリーブ油、マーマレード各大さじ1、塩小さじ1/4にする。

材料(2人分)
カリフラワー……大1/2株(200g)
アンチョビ(フィレ)……1枚
水……大さじ2
A 牛乳……1/2カップ
  洋風スープの素(顆粒)……小さじ1/2
B 粉チーズ……大さじ2
  塩、こしょう……各少々

エネルギー103kcal

1 カリフラワーは小房に切り分け、さらに縦4等分に切る。耐熱ボウルに入れて水をふり、ふんわりとラップをして電子レンジで約4分加熱する。アンチョビは細かく刻む。
2 鍋に1とAを入れて弱めの中火で熱し、6〜7分煮る。カリフラワーがやわらかくなったらフォークで細かくつぶし、Bを加えて混ぜる。

> 舌触りがよくなるように、やわらかくなるまで火をとおして。

Day 214
お酒に合うサラダ
アンチョビが素材の持ち味を引き立てます
カリフラワーのマッシュ

材料(2人分)
カリフラワー……1/2株(180g)
さやいんげん(斜め半分)……約10本(60g)
温泉卵(市販)……1個
A オリーブ油……大さじ1
  レモン汁……小さじ2
  マスタード、砂糖……各小さじ1/2
B 水……大さじ3
  洋風スープの素(顆粒)……小さじ1強

エネルギー139kcal

1 カリフラワーは小房に切り分ける。
2 Aは混ぜ合わせておく。
3 鍋に1とBを入れて強めの中火で熱し、ふたをして2〜4分蒸し煮にする。さやいんげんを加え、さらに約2分蒸し煮にしてザルに上げ、水気をきる。
4 器に3を盛り、2をかけて温泉卵を割り落とす。

> ドレッシングに塩分がないので、火をとおしながら下味をつけます。

Day 215
洋食に合うサラダ
スープで煮て下味をつけます
カリフラワーとさやいんげんのサラダ

Day 216

洋食に合うサラダ

生のポリッとした食感は、リピートしたくなるおいしさ

カリフラワーとレーズンのサラダ

材料(2人分)
カリフラワー……1/2株(180g)
レーズン……20g
A | オリーブ油……小さじ4
  | レモン汁……大さじ1
  | はちみつ……小さじ1
  | 塩……少々

エネルギー140kcal

1 ボウルにAを入れてよく混ぜ、レーズンを加えて5〜10分おく。
2 カリフラワーは小房に切り分けてから5〜6mm幅に切る。
3 器に2を盛り、1をかける。

> ドレッシングに漬けておくとレーズンが戻り、うま味も移ります。

part 1 カリフラワーのサラダ

もやし

一年をとおして手に入りやすく、価格も手頃。淡泊でシャッキリとした口当たりなので、たくさん食べられます。

選び方
ほどよい太さがあり、白くてツヤのあるものを選ぶ。

栄養
新陳代謝を高め、疲労回復を助けるアスパラギン酸が豊富。高血圧予防に効果的なカリウム、美肌に役立つビタミンCも多い。

おいしい時期
1月 2月 3月 4月 5月 6月 7月 8月 9月 10月 11月 12月

下ごしらえのコツ

ひげ根を取って口当たりよく
先端の細長い部分がひげ根。口当たりがよくなるように、ポキッと折って取って。

芽を取り除くと見栄えがよくなる
好みで芽の部分もポキッと折って取ると、舌触りと見栄えがよくなる。

さっとゆでてシャキシャキに
食感を残したほうがおいしいので、ゆで時間は2〜3分にしてシャキッとさせる。

ゆでたらザルに上げて冷ます
水にとると余分な水分を含むので、ゆでたらザルに上げてよく水気をきって。

保存方法

袋のまま冷蔵庫で保存する。基本的に日もちしないので、その日のうちか、なるべく早く食べきって。

材料(2人分)
もやし……1袋(200g)
しょうが(みじん切り)……1かけ
豚ひき肉……100g
シャンツァイ(あれば・刻む)……1枝(20g)
ごま油……小さじ1
A 甜麺醤……大さじ1
　しょうゆ、みりん……各小さじ1

エネルギー184kcal

1 鍋に湯を沸かし、もやしを2〜3分ゆでてザルに上げ、水気をきる。
2 フライパンにごま油としょうがを入れ、中火で炒める。香りが立ったらひき肉を加え、強めの中火にして炒め合わせる。ひき肉の色が変わってきたらAを加え、ひき肉がポロポロになるまで炒め合わせる。
3 器に1を盛って2をかけ、シャンツァイをのせる。

> 水っぽくならないように水分を飛ばしながら炒めて。

part 1 もやしのサラダ

Day 217 （中華に合うサラダ）
青じそやみょうがをのせても
もやしの肉みそサラダ

材料(2人分)
もやし……1袋(200g)
にんにく……1かけ
オリーブ油……大さじ1
A 赤唐辛子(小口切り)……1本
　鶏ガラスープの素(顆粒)
　　……小さじ1/2
塩……少々

エネルギー78kcal

1 にんにくはみじん切りにする。
2 フライパンにオリーブ油と1を入れ、弱火で炒める。香りが立ったらAともやしを加え、強火にして炒め合わせる。全体に油が回ったら、塩で味をととのえる。

> シャキッとした歯ごたえが残るように、強火で一気に火をとおします。

Day 218 （お酒に合うサラダ）
にんにく＆赤唐辛子がきいています
もやしのペペロンチーノ風サラダ

171

Day 219 和食に合うサラダ

つくだ煮のドレッシングは試してみる価値あり!

もやしときゅうりのつくだ煮サラダ

材料(2人分)
もやし……2／3袋(120g)
きゅうり……小1本(80g)
A のりのつくだ煮、ごま油……各大さじ1
酢……大さじ1／2

エネルギー79kcal

1 鍋に湯を沸かし、もやしを2〜3分ゆでてザルに上げ、水気をきる。きゅうりは千切りにする。
2 ボウルにAを入れてよく混ぜ、1を加えてあえる。

> きゅうりはもやしと同じくらいの細さに切ると、味が均一になじみます。

Day 220 アレンジレシピ

きゅうりをアボカドにして濃厚な味わいに

もやしとアボカドのつくだ煮サラダ

エネルギー139kcal

「もやしときゅうりのつくだ煮サラダ」のきゅうり小1本(80g)→縦に薄切りにしたアボカド(熟したもの)1／2個(70g)にする。

Day 221

中華に合うサラダ

焼き肉のたれ＋ごまで味に深みを出します

もやしとちくわの中華サラダ

材料(2人分)
もやし……1袋(200g)
ちくわ……小2本(50g)
青じそ……4枚
A│すりごま(白)……大さじ2
　│焼き肉のたれ……大さじ1
　│酢、マヨネーズ……各大さじ1/2

エネルギー118kcal

1 鍋に湯を沸かし、もやしを2〜3分ゆでてザルに上げ、水気をきる。ちくわは縦半分に切ってから5mm厚さの斜め切りにする。青じそは千切りにする。
2 ボウルにAを入れてよく混ぜ、もやしとちくわを加えてあえる。青じそを加えて、さっと混ぜ合わせる。

> 青じそは香りが飛ばないように最後に加えて、軽くあえて。

part 1 もやしのサラダ

Day 222 アレンジレシピ
ドレッシングを和風にします
もやしとちくわの和風サラダ
エネルギー92kcal

「もやしとちくわの中華サラダ」のA→すりごま(白)大さじ2、しょうゆ、酢各大さじ1/2、砂糖小さじ1弱にする。

アボカド

栄養たっぷりでアンチエイジングにも！まったり＆濃厚な舌触りが女性に人気です。

選び方
皮が黒く、ツヤとハリがあるものを選ぶ。少し弾力のあるものが熟している。

栄養
コレステロール値を減らす働きをするオレイン酸、シミや老化を予防し、血行をよくするビタミンEなどが豊富。

おいしい時期

1月	2月	3月	4月	5月	6月	7月	8月	9月	10月	11月	12月

下ごしらえのコツ

種に沿ってぐるりと切り込みを入れる
種に当たるまで縦に包丁を入れ、種に沿ってぐるりと切り込みを入れる。

包丁の刃元で種を取り除く
両手でねじるようにして2つに分け、包丁の刃元を種に刺し込んで種を取り除いて。

手でやさしく皮をむく
種を取り除いたら、果肉をつぶさないように手でやさしく皮をむいて。

すぐにあえない場合はレモン汁をふる
変色しやすいので、すぐにあえない場合はレモン汁をふっておくと変色防止に。

保存方法

まるごとの場合（熟したもの）
ポリ袋に入れて冷蔵庫で保存する。2～3日が目安。未熟のものは20℃前後の場所に熟すまでおいて。

半分にカットしたものの場合
種をつけたまま切り口にレモン汁小さじ1をかけ、ラップで包んで冷蔵庫で保存する。1～2日が目安。

材料（2人分）
アボカド（熟したもの）、トマト
　……各1/2個（各70g）
納豆……1パック（45g）
A│しょうゆ……小さじ2
　│練りからし……小さじ1/2

エネルギー123kcal

1 アボカドとトマトはひと口大の乱切りにする。
2 納豆は大粒の場合は包丁でたたく。
3 ボウルに2とAを入れてよく混ぜ、アボカド、トマトの順に加えてあえる。

> 細かいほうがアボカドとトマトにからみやすいので、大粒の場合はたたいて。小粒の場合はそのままでOK。

Day 223　和食に合うサラダ
美容にもオススメの組み合わせ
アボカドとトマトの納豆サラダ

材料（2人分）
アボカド（熟したもの）……1個（140g）
A│しょうゆ……小さじ2
　│酢、オリーブ油……各大さじ1/2
　│練りわさび……小さじ1/2
刻みのり……適量

エネルギー170kcal

1 アボカドは縦半分に切ってから横に薄切りにする。Aは混ぜ合わせておく。
2 器にアボカドを盛り、Aをかけて刻みのりをのせる。

> 薄切りの場合は形がくずれやすいので、ドレッシングであえずにかけて仕上げます。

Day 224　和食に合うサラダ
のりの風味がいいアクセント！
アボカドのわさびじょうゆサラダ

Day 225　アレンジレシピ
かまぼこを加えてボリュームをアップ
アボカドとかまぼこのわさびじょうゆサラダ

エネルギー189kcal

「アボカドのわさびじょうゆサラダ」のアボカド（熟したもの）1個（140g）は、薄切り→ひと口大に切り、ぶつ切りにしたかまぼこ40gと一緒にAであえる。

Day 226 　お酒に合うサラダ

塩気のきいたチーズと相性ぴったりです
アボカドディップのチーズガレット添え

材料(2人分)
アボカド(熟したもの)……1/2個(70g)
ピザ用チーズ……50g
A　玉ねぎ(みじん切り)……20g
　　レモン汁……大さじ1/2
　　チリパウダー(あれば)……小さじ1/2
　　塩……小さじ1/4
粗びき黒こしょう……少々

エネルギー169kcal

1 ボウルにアボカドを入れ、フォークでつぶす。ペースト状になったら、Aを加えてよく混ぜ合わせ、器に盛る。
2 フッ素樹脂加工のフライパンにピザ用チーズを1/4量ずつ入れて円形に広げ、弱めの中火で熱する。チーズが溶けてきたら粗びき黒こしょうをふり、こんがりと焼き色がつくまで焼く。取り出して冷まし、1に添える。

> 口当たりがよくなるように、なめらかになるまでしっかりとつぶして！

Part
2

\ 一度は作ってみたい！ /

定番
サラダ

ポテサラにニース風、バンバンジーなど、
デパ地下で見かける人気のサラダだって、
おうちで手軽に作れます。
ドレッシングの合わせワザで本格的な仕上がりに！

Day 227 洋食に合うサラダ

ゴロッと存在感のあるじゃがいもが、ホックリ

ポテトサラダ

材料(2人分)
じゃがいも……2個(皮つきで320g)
にんじん……1/3 本(皮つきで80g)
きゅうり……1/2本(50g)
玉ねぎ……1/4個(40g)
ハム……3枚
塩……適量
A｜白ワインビネガー(または酢)……小さじ1
　｜塩……小さじ1/4
　｜砂糖、こしょう……各少々
B｜マヨネーズ……大さじ3
　｜マスタード……小さじ1/2〜1

エネルギー298kcal

1 鍋にじゃがいもとにんじんを皮つきのまま入れ、たっぷりの水と塩少々を加えて強火で熱し、沸騰したら火を少し弱めて15〜20分ゆでる。

2 きゅうりは薄い輪切りにする。ボウルに入れ、塩少々をふって軽くもみ、しんなりとしたら水気を絞る。玉ねぎは繊維に沿って薄切りにし、水に5〜10分さらしてザルに上げ、ペーパータオルで包んで軽く水気を絞る。ハムは縦4等分に切ってから1cm幅に切る。

3 1に竹串を刺し、スッととおるようになったらザルに上げて水気をきる。じゃがいもは少し粗熱が取れたら皮をむく。にんじんは少し粗熱が取れたら皮をむき、いちょう切りにする。

4 ボウルにじゃがいもを入れてフォークで軽くつぶし、にんじんを加える。すぐにAを加えてよく混ぜ合わせ、粗熱を取る。

5 4にハム、Bの順に加えてあえ、きゅうりと玉ねぎを加えて混ぜ合わせる。

味がしみ込みにくいじゃがいもとにんじんは温かいうちに調味料を混ぜ、冷ましながらなじませて味を引き締めます。

Day 228 アレンジレシピ

明太子を加えてプチッとした食感を楽しみます

明太ポテトサラダ

エネルギー148kcal

「ポテトサラダ」のBのマスタード小さじ1/2〜1→中身をしごき出した辛子明太子1/2はら(40g)にする。にんじん1/3 本(皮つきで80g)、玉ねぎ1/4個(40g)、ハム3枚→千切りにした青じそ4枚にして、きゅうりと一緒に混ぜる。

Day 229 洋食に合うサラダ

ウスターソース入りのシーザードレッシングが絶品！

シーザーサラダ

> ドレッシングを全体にからめながら、葉がつぶれないようにふんわりと混ぜて。

材料（2人分）
- レタス……2枚（30g）
- グリーンリーフ……2枚（40g）
- 食パン（8枚切り）……1枚
- オリーブ油……小さじ2
- **A**
  - アンチョビ（フィレ・みじん切り）……1・1/2枚
  - マヨネーズ……大さじ2
  - マスタード……大さじ1/2
  - ウスターソース、レモン汁……各小さじ1
- 粉チーズ……大さじ2

エネルギー234kcal

1 食パンは1cm角に切る。
2 フライパンに1を入れ、オリーブ油を回しかけて弱火で熱し、ときどきフライパンを揺すりながら、食パンがカリッとするまで焼く。
3 レタスとグリーンリーフはひと口大にちぎり、合わせて冷水に5〜10分さらし、ザルに上げて水気をふく。
4 ボウルにAを入れてよく混ぜ、3と粉チーズを加えて混ぜ合わせる。器に盛って2を散らす。

Day 230 アレンジレシピ

クルトンを油揚げにして食感を変えます

油揚げ入りシーザーサラダ

エネルギー195kcal

「シーザーサラダ」の食パン（8枚切り）1枚、オリーブ油小さじ2→油揚げ1枚（40g）にする。油揚げはフライ返しで押しつけながらフライパンで両面をカリッと焼き、1cm角に切って仕上げに散らす。

Day 231 豆のサラダ

洋食に合うサラダ

彩りがよく、食卓が明るくなります

材料(2人分)
ミックスビーンズ缶（ドライパック）
……100g
アボカド、トマト……各1/2個(各70g)
A│ 玉ねぎ（みじん切り）、セロリ（みじん切り）
　│ ……各20g
　│ オリーブ油……大さじ1
　│ レモン汁……小さじ2
　│ しょうゆ……小さじ1/2
　│ 塩……小さじ1/4

エネルギー208kcal

1 アボカドとトマトは1cm角に切る。
2 ボウルにAを入れてよく混ぜ、ミックスビーンズとアボカドを加えて、アボカドをくずすように混ぜ合わせる。トマトを加えて、さっくりと混ぜ合わせる。

> アボカドは角がくずれるくらいまで混ぜて、ミックスビーンズに味をなじませて。

part 2 定番サラダ

Day 232 アレンジレシピ
ミックスビーンズを大豆にしてホックリ
大豆のサラダ

エネルギー224kcal

「豆のサラダ」のミックスビーンズ缶（ドライパック）100g→缶汁をきった大豆缶（水煮）100gにして、Aにスイートチリソース小さじ1を加える。

Day 233 洋食に合うサラダ

さっぱりレモン味で、野菜がたっぷり食べられます

ニース風サラダ

材料(2人分)
卵……1個
ツナ缶(水煮)……小1缶(80g)
じゃがいも……2個(皮つきで320g)
さやいんげん……約6本(40g)
トマト……1個(150g)
サラダ菜……3～4枚(40g)
A│ オリーブ油……小さじ4
　│ レモン汁……大さじ1
　│ マスタード……小さじ1
　│ アンチョビ(ペースト・あれば)
　│ 　……小さじ1/2
　│ 塩……小さじ1/4
ブラックオリーブ(小口切り)……適量

エネルギー327kcal

1 小さめの鍋にたっぷりの湯を沸かし、卵を11～12分ゆでる。冷水にとって冷まし、殻をむいて4等分のくし形に切る。ツナは缶汁をきってほぐす。

2 じゃがいもは皮つきのまま1個ずつ水で濡らしたペーパータオルで包んでからラップで包む。耐熱皿にのせ、電子レンジで約3分加熱して裏返し、さらに約2分30秒加熱する。粗熱が取れたら皮をむき、ひと口大に切る。

3 鍋に湯を沸かし、さやいんげんを2～3分ゆでてザルに上げ、water気をきる。粗熱が取れたら3cm長さに切る。トマトは5mm厚さの半月切りにする。

4 サラダ菜は食べやすい大きさにちぎって冷水に5～10分さらし、ザルに上げて水気をふく。

5 Aは混ぜ合わせておく。

6 器に4を敷き、1と2、3を盛り合わせて5をかけ、オリーブを散らす。

> アンチョビのペーストがない場合は、ツナの缶汁全量を加えてうま味をプラス!

Day 234 アレンジレシピ
ツナをスモークサーモンにしてグレードアップ
サーモン入りニース風サラダ

エネルギー348kcal

「ニース風サラダ」のツナ缶(水煮)小1缶(80g)→食べやすい大きさに切ったスモークサーモン(刺身用・薄切り)60gにする。

Day 235 洋食に合うサラダ

オリーブ油と塩でシンプルに

トマトとモッツァレラのカプレーゼ

材料(2人分)
- トマト……1個(150g)
- モッツァレラチーズ……100g
- バジル……5〜6枚
- 塩……少々
- オリーブ油(あればエクストラバージン)……小さじ4
- 粗びき黒こしょう……適量

エネルギー264kcal

1 トマトは7〜8mm厚さの半月切りにする。モッツァレラチーズは7〜8mm厚さに切る。
2 器に1を交互に盛り、バジルを添えて全体に塩をふる。オリーブ油を回しかけ、粗びき黒こしょうをふる。

> 時間のあるときは器に盛って塩をふり、冷蔵庫で冷やしておくと味が締まってよりおいしくなります。

Day 236 アレンジレシピ

バジルを青じそにして和風に

トマトとモッツァレラの和風カプレーゼ

エネルギー266kcal

「トマトとモッツァレラのカプレーゼ」のバジル5〜6枚→粗く刻んだ青じそ4〜5枚にする。塩少々と粗びき黒こしょう適量は除き、オリーブ油小さじ4とポン酢しょうゆ大さじ1/2を混ぜてかける。

Day 237 洋食に合うサラダ

まったり濃厚！パセリの香りでさわやかに仕上げます

卵のサラダ

材料（2人分）
卵……3個
セロリ（粗いみじん切り）……1/2本（60g）
パセリ（みじん切り）……大さじ2
A｜マヨネーズ……大さじ2
　｜レモン汁、マスタード……各小さじ1
塩、こしょう……各少々

エネルギー208kcal

1 小さめの鍋にたっぷりの湯を沸かし、卵を11〜12分ゆでる。冷水にとって冷まし、殻をむいて粗く刻む。
2 ボウルに1とセロリ、Aを入れてよく混ぜる。パセリを加えて混ぜ合わせ、塩、こしょうで味をととのえる。

> ゆで卵は好みの大きさでOKです。食感を楽しみたい場合は大きめに刻んでも。

part 2 定番サラダ

Day 238 アレンジレシピ
セロリをアスパラガスにしてボリュームアップ
アスパラガス入り卵のサラダ
エネルギー210kcal

「卵のサラダ」のセロリ（粗いみじん切り）1/2本（60g）→グリーンアスパラガス3〜4本（60g）にして、2〜3分ゆでて水気をきり、食べやすい長さに切る。

Day 239 〈和食に合うサラダ〉

ポン酢しょうゆにごまをたっぷりプラス！

冷しゃぶサラダ

材料(2人分)
豚ロース薄切り肉(しゃぶしゃぶ用)……140g
きゅうり……1本(100g)
サニーレタス……2〜3枚(50g)
トマト……1/2個(70g)
水……1/4カップ
A | ポン酢しょうゆ……大さじ2
　 | すりごま(白)……大さじ1
　 | ごま油……小さじ1
　 | 砂糖……小さじ1/2

エネルギー250kcal

1 鍋にたっぷりの湯を沸かし、水を加えて約80℃に下げる。豚肉を1枚ずつ広げながら加えてゆで、豚肉の色が変わったらザルに取り出して水気をきる。
2 きゅうりは縦半分に切ってから斜め薄切りにする。サニーレタスはひと口大にちぎる。合わせて冷水に5〜10分さらし、ザルに上げて水気をふく。トマトは1cm角に切る。
3 Aは混ぜ合わせておく。
4 器に2を盛り合わせ、1をのせて3をかける。

> 豚肉は少し温度を下げた湯でゆでると、やわらかくゆで上がります。

材料(2人分)
大根……150g
ちりめんじゃこ……大さじ2弱(10g)
青じそ……6枚
A│ポン酢しょうゆ……大さじ1・1/2
　│ごま油……小さじ1
　│みりん……小さじ1/2
　│削り節……小1パック(3g)
刻みのり……適量

エネルギー56kcal

1 ボウルにAとちりめんじゃこを入れてよく混ぜる。
2 大根と青じそは千切りにする。
3 1に大根を加えて、返すようにからめる。ドレッシングが全体になじんだら青じそを加えて、軽く混ぜ合わせる。
4 器に3を盛り、刻みのりをのせる。

ちりめんじゃこは先にドレッシングと混ぜて、うま味を移します。

Day 240 〈和食に合うサラダ〉
あっさりだけど、ごま油のコクで満足感もあり
大根サラダ

part 2 定番サラダ

材料(2人分)
玉ねぎ(あれば新玉ねぎ)……1/2個(80g)
トマト……1/2個(70g)
ツナ缶(油漬け)……小1缶(80g)
ポン酢しょうゆ……大さじ1・1/2

エネルギー55kcal

1 玉ねぎは繊維を断つように薄切りにする。水に5〜10分さらしてザルに上げ、ペーパータオルで包んで軽く水気を絞る(新玉ねぎの場合は水にさらさない)。トマトは5mm厚さの半月切りにする。
2 ボウルにツナを缶汁ごと入れてポン酢しょうゆを加えて混ぜ、玉ねぎを加えてあえる。
3 器にトマトを敷き、2をのせる。

缶汁ごと使用して、ドレッシングの油の代わりに。うま味とコクもアップ!

Day 241 〈お酒に合うサラダ〉
調味料は1つだけ!
オニオンサラダ

Day 242

洋食に合うサラダ

からしマヨで味にメリハリ。ほっとなごむ味わいです

マカロニサラダ

材料(2人分)
マカロニ……60g
ハム……2枚
玉ねぎ……1/4個(40g)
きゅうり……1本(100g)
にんじん……1/5本(40g)
塩……適量
オリーブ油……小さじ1
A│ マヨネーズ……大さじ2
 │ 練りからし……小さじ1
こしょう……少々

エネルギー269kcal

1 ハムは1cm角に切る。玉ねぎは繊維を断つように薄切りにし、きゅうりは薄い輪切りにする。ボウルに玉ねぎときゅうりを入れ、塩小さじ1/4をふって軽くもみ、しんなりとしたら水気を絞る。

2 にんじんは薄い半月切りにする。

3 鍋にたっぷりの湯を沸かし、塩(湯の1%量)、マカロニの順に入れて袋の表示時間どおりにゆでる。ゆで上がる約3分前に**2**を加えて一緒にゆで、ザルに上げて水気をきり、オリーブ油をふってからめる。

4 ボウルに**A**を入れてよく混ぜる。**1**と**3**を加えて混ぜ合わせ、塩少々、こしょうで味をととのえる。

> 味がぼやけないように、マカロニに薄く塩味をつけておきます。

Day 243 アレンジレシピ
ドレッシングをアジアン風に
アジアン風マカロニサラダ
エネルギー266kcal

「マカロニサラダ」の**A**→マヨネーズ大さじ2、スイートチリソース小さじ1強にする。仕上げに粗く刻んだシャンツァイ適量を散らす。

Day 244 お酒に合うサラダ

韓国のりの塩気がおいしさにひと役
チョレギサラダ

> ドレッシングの量が少ないので、よく行き渡るように手でふんわりとあえて。

材料（2人分）
- サニーレタス……4～5枚（100g）
- きゅうり……1本（100g）
- A
  - ごま油……大さじ1
  - にんにく（すりおろす）、酢……各小さじ1
  - しょうゆ、砂糖、鶏ガラスープの素（顆粒）……各小さじ1/2
  - 塩……ひとつまみ
- 韓国のり……適量

1 サニーレタスはひと口大にちぎる。きゅうりは縦半分に切ってから斜め薄切りにする。合わせて冷水に5～10分さらし、ザルに上げて水気をふく。
2 ボウルにAを入れてよく混ぜ、1を加えてあえる。
3 器に2を盛り、韓国のりをちぎってのせる。

エネルギー61kcal

Day 245 アレンジレシピ
ゆでだこを加えてボリュームをアップ
たこ入りチョレギサラダ
エネルギー110kcal

「チョレギサラダ」のAの鶏ガラスープの素（顆粒）小さじ1/2→鶏ガラスープの素（顆粒）小さじ2/3にする。薄いそぎ切りにしたゆでだこの足60gを加え、サニーレタス、きゅうりと一緒にあえる。

Day 246

中華に合うサラダ

濃厚なピーナッツバターにラー油をプラスして本格的に！

バンバンジーサラダ

材料（2人分）
鶏ささ身……3本（150g）
きゅうり……1本（100g）
トマト……1個（150g）
塩……小さじ1/4
酒……大さじ1
A｜ピーナッツバター（クラッシュタイプ・加糖）
　　……大さじ2
　　しょうゆ、スープ※（または水）
　　……各大さじ1
　　砂糖、酢……各小さじ1
　　にんにく（すりおろす）……小さじ1/2
　　ラー油……小さじ1/4～1/2

エネルギー228kcal

※水大さじ1に鶏ガラスープの素（顆粒）少々を溶いたもの。

1 ささ身は筋を取り除いて塩をふり、耐熱皿にのせて酒をふる。ふんわりとラップをして電子レンジで2分30秒～3分加熱し、粗熱が取れたら手で粗く裂く。蒸し汁大さじ1を取り分けておく。
2 きゅうりは細切りにする。トマトは5mm厚さの半月切りにする。
3 ボウルにAを入れてよく混ぜ、1の蒸し汁を加えて混ぜ合わせる。
4 器に2を盛ってささ身をのせ、3をかける。

> ドレッシングに濃度があるので、うま味のしみ出た蒸し汁で溶きのばします。

Day 247 中華に合うサラダ

コクと甘味のある酢じょうゆで食べやすく

中華風春雨サラダ

材料(2人分)
春雨(乾燥)……25g
わかめ(塩蔵)……40g
ハム……3枚
きゅうり……小1本(80g)
A | しょうゆ、酢、いりごま(白)
　　……各大さじ1
　　砂糖、ごま油……各小さじ1
　　鶏ガラスープの素(顆粒)
　　……小さじ1/3

エネルギー149kcal

> 水っぽくならないように、よく水気をきって。温かいうちにあえると味もしみ込みやすい！

1 鍋に湯を沸かし、春雨を2〜3分ゆでてザルに上げ、水気をきる。粗熱が取れたら、食べやすい長さに切る。
2 わかめはよく洗い、水気を絞って食べやすい大きさに切る。
3 ハムは半分に切ってから細切りにする。きゅうりは細切りにする。
4 ボウルにAを入れてよく混ぜ、1と2、3を加えてあえる。

Day 248 アレンジレシピ

春雨を切り干し大根にしてかみごたえをアップ

中華風切り干し大根サラダ

エネルギー150kcal

「中華風春雨サラダ」の春雨(乾燥)25g→切り干し大根15gにして、水に15〜20分つけて戻し、食べやすい長さに切る。

材料(2人分)
キャベツ(千切り)……2〜3枚(150g)
にんじん(千切り)……40g
ハム(細切り)……4枚
塩……小さじ1/3
A マヨネーズ……大さじ1
　　オリーブ油、酢、マスタード
　　　……各小さじ1
　　砂糖……小さじ1/2
　　塩、こしょう……各少々

エネルギー139kcal

1 ボウルにキャベツとにんじんを入れ、塩をふって軽くもみ、しんなりとしたら水気を絞る。
2 ボウルに**A**を入れてよく混ぜ、1、ハムの順に加えてあえる。

> あえてから水分が出てこないように、ギュッと水気を絞ります。

Day 249
(洋食に合うサラダ)
主張しすぎないマヨネーズの存在感がいい！
コールスロー

part 2 定番サラダ

材料(2人分)
にんじん……1本(200g)
パセリ(みじん切り)……大さじ1
塩……小さじ1/3
A オリーブ油、レモン汁、粒マスタード
　　　……各大さじ1
　　はちみつ……小さじ1

エネルギー126kcal

1 にんじんは千切りにする。ボウルに入れ、塩をふってよくもみ込み、しんなりとしたら水気を絞る。
2 ボウルに**A**を入れてよく混ぜ、1を加えてあえる。パセリを加えて、さっくりと混ぜ合わせる。

> にんじんはできるだけ細く千切りにしたほうが、味がからんでおいしい！

Day 250
(洋食に合うサラダ)
やさしい甘味のなかに
粒マスタードが際立ちます
キャロットラペ

Day 251 アレンジレシピ
トマトとレーズンを加えて酸味と甘味をプラス
トマトとレーズン入りキャロットラペ
エネルギー138kcal

「キャロットラペ」のにんじん1本(200g)→にんじん小1本(150g)にする。くし形に切ったトマト小1/2個(60g)、水で戻したレーズン10gを加えて、パセリと一緒に混ぜる。

Day 252
ホクホク&しっとり!
かぼちゃサラダ

洋食に合うサラダ

材料(2人分)
かぼちゃ(ひと口大)……1/6個(150g)
ベーコン(細切り)……1枚
くるみ(ローストしたもの・無塩・粗く砕く)
　　……20g
水……大さじ1
A マヨネーズ……大さじ1・1/2
　 砂糖……ひとつまみ
塩、こしょう……各少々

エネルギー237kcal

1 かぼちゃは水をふり、電子レンジで加熱する(P59・下・1参照)。
2 フライパンを中火で熱し、ベーコンにこんがりと焼き色がつくまで炒める。
3 ボウルにAを入れて混ぜ、1の水気をきってから加えてあえる。2とくるみを加えてさっくりと混ぜ合わせ、塩、こしょうで味をととのえる。

> 味をしっかりとなじませたいので、温かいうちに加えて、少しつぶしながら混ぜて。

Day 253
ご飯にも、パンにも合います
ごぼうサラダ

洋食に合うサラダ

材料(2人分)
ごぼう(千切り)……1本(160g)
にんじん(千切り)……1/3本(60g)
A マヨネーズ……大さじ2
　 砂糖……大さじ1/2
　 しょうゆ、レモン汁、マスタード
　　……各小さじ1
いりごま(白)……大さじ1

エネルギー184kcal

1 ごぼうとにんじんは4〜5分ゆでる。ザルに上げて水気をきり、粗熱を取る。
2 ボウルにAを入れてよく混ぜる。1、ごまの順に加えてあえる。

> 歯ごたえを残すようにゆでます。

Day 254 アレンジレシピ
わかめを加えてボリュームをアップ
わかめ入りごぼうサラダ

エネルギー186kcal

「ごぼうサラダ」にわかめ(塩蔵)40gを加え、よく洗って水気を絞り、食べやすい大きさに切って、ごまと一緒にあえる。

Part
3

\ 5分で作れる！ /

缶詰
サラダ

缶詰＋1〜3素材でできるスピードサラダです。
あえるだけ、のせるだけなど、パパッと作れるものばかり！
わざわざ買いものに行かなくても、
ストック缶詰が大活躍します。

※調理時間は目安です。粗熱を取る時間、室温に戻す時間、
水にさらす時間などは含まれておりません。

Day 255 洋食に合うサラダ

コクのあるソースが美味。レタスや大根にも合います

サラダ菜のツナソースサラダ

材料(2人分)
ツナ缶(油漬け)……小1缶(80g)
サラダ菜……1個(100g)
A マヨネーズ……小さじ2
　　レモン汁……小さじ1
こしょう……少々

エネルギー89kcal

1 ツナは缶汁を軽くきる。サラダ菜は根元を少し残して4等分のくし形に切る。
2 ボウルにツナとAを入れてよく混ぜ、こしょうで味をととのえる。
3 器にサラダ菜を盛って2をかける。

> サラダ菜は大きめに切って、ツナソースをからみやすくします。

Day 256 和食に合うサラダ

ポン酢しょうゆ＋ごま油でさっぱり、風味よく！

ツナとトマトの和風サラダ

材料（2人分）
ツナ缶（水煮）……小1缶（80g）
トマト……大1個（200g）
青じそ……4枚
A｜ポン酢しょうゆ……大さじ1〜1・1/2
　｜ごま油……小さじ1/2

エネルギー64kcal

1 ツナは缶汁をきる。トマトはひと口大に切る。青じそは粗くちぎる。
2 ボウルにツナとAを入れてよく混ぜ、トマトと青じそを加えてあえる。

> ツナをほぐすように混ぜると、あえやすくなって全体にもよく行き渡ります。

Day 257 アレンジレシピ
ドレッシングを洋風に
ツナとトマトのフレンチサラダ
エネルギー103kcal

「ツナとトマトの和風サラダ」のA→フレンチドレッシング（P250参照）大さじ1・1/2、みじん切りにした玉ねぎ大さじ1にする。

材料(2人分)
ツナ缶(油漬け)……小1缶(80g)
白菜キムチ……60g
レタス……4枚(60g)
きゅうり……1本(100g)
めんつゆ(2倍濃縮)……大さじ1

エネルギー86kcal

1 ツナは粗くほぐす(缶汁はきらない)。キムチはざく切りにする。レタスときゅうりは千切りにする。
2 器にレタス、きゅうり、キムチの順に盛り、ツナを缶汁ごとのせてめんつゆをかける。

千切りは断面が多く、水にさらすと水っぽくなるので切るだけでOK。

Day 258 〈お酒に合うサラダ〉
ダイナミックに盛りつけて、よく混ぜていただきます
ツナとキムチのぶっかけサラダ

材料(2人分)
ツナ缶(水煮)……小1缶(80g)
水菜……小2株(70g)
味つきザーサイ……20g
A　ピーナッツバター
　　(クラッシュタイプ・加糖)
　　……大さじ1・1/2
　　酢、しょうゆ……各小さじ1
ラー油(好みで)……適量

エネルギー119kcal

1 ツナは缶汁をきる。水菜は3〜4cm長さに切って冷水に5〜10分さらし、ザルに上げて水気をふく。ザーサイはみじん切りにする。
2 ボウルにAを入れてよく混ぜ、ツナとザーサイを加えて混ぜ合わせる。
3 器に水菜を盛って2をのせ、ラー油をかける。

ピーナッツバターに粘度があるので、なめらかになるまで溶きのばすように混ぜて。

Day 259 〈中華に合うサラダ〉
ピーナッツバターにザーサイを加えてうま味をアップ!
ツナの担々風サラダ

Day 260

洋食に合うサラダ

バターじょうゆの香りにそそられます

キャベツのツナ蒸しサラダ

材料(2人分)
ツナ缶(水煮)……小1缶(80g)
キャベツ……3～4枚(200g)
しょうゆ……小さじ2
バター……15g

エネルギー112kcal

1 ツナは具と缶汁に分ける。キャベツはひと口大に切る。
2 耐熱皿にキャベツとツナの缶汁、しょうゆを入れて軽く混ぜる。ツナの具を全体にのせてバターをちぎりながら散らし、ふんわりとラップをして電子レンジで3～4分加熱する。全体をさっと混ぜ合わせる。

先にキャベツに調味料をからめておけば味がぼやけません。

材料（2人分）
- ホールコーン缶……60g
- もやし……2/3袋（120g）
- かまぼこ……60g
- A
  - めんつゆ（2倍濃縮）……小さじ4
  - すりごま（白）……大さじ1
  - 酢……小さじ1

エネルギー92kcal

1 コーンは缶汁をきる。鍋に湯を沸かし、もやしを2～3分ゆでてザルに上げ、水気をきる。かまぼこは5mm幅に切ってから縦に薄切りにする。
2 ボウルにAを入れてよく混ぜ、1を加えてあえる。

Day 261　お酒に合うサラダ
かまぼこは必須！
うま味と歯ごたえがポイントです
コーンともやしの和風サラダ

> もやしに合わせて細切りにすると、味がなじみやすくなります。

材料（2人分）
- ホールコーン缶……80g
- じゃがいも……大1個（皮つきで210g）
- A
  - マヨネーズ……大さじ1・1/2
  - パセリ（みじん切り）……大さじ1
- 塩、こしょう……各少々

エネルギー171kcal

1 コーンは缶汁をきる。じゃがいもは皮つきのまま水で濡らしたペーパータオルで包んでからラップで包む。耐熱皿にのせ、電子レンジで約2分加熱して裏返し、さらに約2分加熱する。粗熱が取れたら皮をむく。
2 ボウルにじゃがいもを入れ、フォークで軽くつぶす。コーンとAを加えてよく混ぜ、塩、こしょうで味をととのえる。

> 温かいうちに食べやすい大きさにつぶして。凹凸ができるので味もからみやすい！

Day 262　洋食に合うサラダ
やさしい甘味が魅力です
コーンポテトサラダ

Day 263　アレンジレシピ
ハムを加えてボリュームをアップ
ハム入りコーンポテトサラダ
エネルギー195kcal

「コーンポテトサラダ」に5mm角に切ったハム2枚を加え、コーン、Aと一緒に混ぜる。

200

Day 264 中華に合うサラダ

オイスターソースの少量使いが味の決め手

コーンとサラダほうれん草のサラダ

材料(2人分)
ホールコーン缶……40g
サラダほうれん草……1束(100g)
A│マヨネーズ……大さじ1
 │牛乳……小さじ1〜2
 │オイスターソース……小さじ1

エネルギー73kcal

1 コーンは缶汁をきる。サラダほうれん草は3〜4cm長さに切って冷水に5〜10分さらし、ザルに上げて水気をふく。
2 ボウルにAを入れてよく混ぜ、コーンを加えて混ぜ合わせる。
3 器にサラダほうれん草を盛り、2をかける。

> ドレッシングに牛乳を加えるとマイルドになり、野菜にもからみやすくなります。

part 3 缶詰サラダ コーン缶

Day 265 アレンジレシピ
サラダほうれん草をクレソンにしてほろ苦さを楽しみます
コーンとクレソンのサラダ
エネルギー69kcal

「コーンとサラダほうれん草のサラダ」のサラダほうれん草1束(100g)→クレソン大1束(80g)にして、やわらかい葉を摘む。

Day 266 洋食に合うサラダ

クリームチーズのドレッシングで女性好みの味に

コーン、ハム、きゅうりのサラダ

材料(2人分)
ホールコーン缶……100g
ハム……4枚
きゅうり……1/2本(50g)
A│クリームチーズ(室温に戻す)
　　……1個(20g)
　　レモン汁、マスタード、オリーブ油、
　　　しょうゆ……各小さじ1
　　砂糖……小さじ1/2

エネルギー155kcal

1 コーンは缶汁をきる。ハムは5mm角、きゅうりは1cm角に切る。
2 ボウルにAを入れてよく混ぜ、なめらかになったら1を加えてあえる。

> 混ぜやすいように、クリームチーズは室温に戻してやわらかくしておいて。

202

Day 267

お酒に合うサラダ

バターの香ばしさでビールもすすみます

コーンと魚肉ソーセージのホットサラダ

材料(2人分)
ホールコーン缶……40g
魚肉ソーセージ……1本(75g)
さやいんげん……約12本(80g)
バター……10g
しょうゆ……小さじ1強

エネルギー126kcal

1 コーンは缶汁をきる。魚肉ソーセージは7〜8mm厚さの斜め切りにする。さやいんげんは長さを2〜3等分に切る。
2 フライパンにバターを中火で溶かし、1を炒める。魚肉ソーセージに焼き色がつき、さやいんげんがやわらかくなったら、しょうゆを加えてさっとからめる。

しょうゆは焦げやすいので、手早く混ぜて全体に行き渡らせます。

part 3 缶詰サラダ コーン缶

材料（2人分）
鮭缶（水煮）……小1缶（90g）
A クリームチーズ（室温に戻す）
　　……2個（40g）
　レモン汁、マスタード……各小さじ1
塩、こしょう……各少々
好みの野菜（パプリカなど）……適量

エネルギー163kcal

1 鮭は缶汁をきる。
2 ボウルにAと1を入れてよく混ぜ、塩、こしょうで味をととのえる。
3 器に2を盛り、食べやすい大きさに切った好みの野菜を添える。

> 野菜は生でいただけるものであればOK。スティック状に切ると食べやすいです。

Day 268 （お酒に合うサラダ）
マスタードをきかせてさわやかに
鮭のクリームチーズディップ

材料（2人分）
鮭缶（水煮）……大1缶（180g）
きゅうり……1本（100g）
A すし酢……小さじ4
　しょうゆ……小さじ1
　練りわさび……小さじ1/2

エネルギー181kcal

1 鮭は缶汁を軽くきる。きゅうりはすりおろす（汁気はきらない）。
2 ボウルにきゅうりとAを入れてよく混ぜる。
3 器に鮭を盛り、2をかける。

> 食感を楽しみたい場合は、粗くすりおろすのがオススメ。

Day 269 （和食に合うサラダ）
すし酢を使うから味つけがラクチンです
鮭のきゅうりおろしサラダ

Day 270 アレンジレシピ
きゅうりを大根にして彩りを変えます
鮭の大根おろしサラダ
エネルギー183kcal

「鮭のきゅうりおろしサラダ」のきゅうり1本（100g）
→すりおろして軽く汁気をきった大根100gにして、仕上げに刻みのり適量をのせる。

Day 271

ビールや日本酒にもぴったり！
さばと玉ねぎの和風サラダ

材料(2人分)
さば缶(水煮)……大1缶(190g)
玉ねぎ……1/4個(40g)
青じそ……4枚
A | ポン酢しょうゆ……大さじ2
　| すりごま(白)……大さじ1
　| ラー油……少々

エネルギー182kcal

1 さばは缶汁をきる。玉ねぎは繊維に沿って薄切りにし、水に5〜10分さらしてザルに上げ、ペーパータオルで包んで軽く水気を絞る。青じそは千切りにする。
2 ボウルにAを入れてよく混ぜ、玉ねぎを加えて混ぜ合わせる。
3 器にさばを盛り、2、青じその順にのせる。

玉ねぎにドレッシングをよくなじませて、さばと一緒にいただきます！

材料(2人分)
コンビーフ缶……小1缶(80g)
里いも……4個(200g)
貝割れ大根……1パック(20g)
マヨネーズ……小さじ1

エネルギー155kcal

1 里いもはひと口大に切る。さっと水で濡らして耐熱皿にのせ、ふんわりとラップをして電子レンジで3分30秒〜4分加熱する。
2 ボウルに1とマヨネーズを入れ、里いもをフォークで粗くつぶすように混ぜる。コンビーフを加えてあえ、貝割れ大根を加えてさっくりと混ぜ合わせる。

> 貝割れ大根はしんなりとしないように最後に加えて、さっと混ぜて。

Day 272　洋食に合うサラダ
里いもでポテサラ風に！
コンビーフと里いものサラダ

材料(2人分)
コンビーフ缶……小1缶(80g)
じゃがいも……大1個(200g)
A｜トマトケチャップ、コチュジャン……各小さじ1
　｜酢、みりん……各小さじ1/2

エネルギー168kcal

1 じゃがいもは千切りにする。水に約1分さらして水を取り替え、さらに約1分さらしてザルに上げ、水気をきる。鍋に湯を沸かし、じゃがいもを約1分ゆでてザルに上げ、水気をきる。
2 ボウルにコンビーフとAを入れてよく混ぜ、1が温かいうちに加えてあえる。

> 味がしみ込みやすいように、温かいうちに加えてよくあえます。

Day 273　お酒に合うサラダ
やみつきになるピリ辛味！
千切りじゃがいもの
ピリ辛コンビーフあえ

Day 274　アレンジレシピ
じゃがいもを大豆もやしにしてヘルシーに
大豆もやしのピリ辛コンビーフあえ
エネルギー129kcal

「千切りじゃがいものピリ辛コンビーフあえ」のじゃがいも大1個(200g)→大豆もやし1袋(200g)にして、2〜3分ゆでて水気をきる。

Day 275 エスニックに合うサラダ

レモンとカレー粉が相性抜群です

きゅうりとショートパスタのコンビーフサラダ

材料(2人分)
コンビーフ缶……小1缶(80g)
ショートパスタ(早ゆでタイプ・あればペンネ)
　……40g
きゅうり……1本(100g)
塩……適量
A　オリーブ油、レモン汁……各大さじ1
　　カレー粉……小さじ1
　　塩、こしょう……各少々

エネルギー225kcal

1 鍋にたっぷりの湯を沸かし、塩(湯の1%量)、ショートパスタの順に入れて袋の表示時間どおりにゆで、ザルに上げて水気をきる。
2 きゅうりは縦半分に切ってから斜め薄切りにする。
3 ボウルにAを入れてよく混ぜ、1が温かいうちに加えてあえる。コンビーフと2を加えて、よく混ぜ合わせる。

温かいうちにあえればパスタ同士がくっつかず、味もからみやすい!

part 3 缶詰サラダ コンビーフ缶

Day 276 アレンジレシピ
きゅうりをキャベツにして食感を変えます
キャベツとショートパスタのコンビーフサラダ
エネルギー230kcal

「きゅうりとショートパスタのコンビーフサラダ」のきゅうり1本(100g)→細切りにしたキャベツ2枚(100g)にして、ショートパスタがゆで上がる約2分前に加えて一緒にゆでる。

Day 277 エスニックに合うサラダ

マヨネーズ＋粉チーズでおいしくコーティング

大豆とかぼちゃのカレー風味サラダ

材料(2人分)
大豆缶(水煮)……50g
かぼちゃ……1/6個強(160g)
水……大さじ1
A│マヨネーズ……大さじ1
　│粉チーズ……小さじ2
　│カレー粉……小さじ1
こしょう(好みで)……少々

エネルギー171kcal

1 大豆は缶汁をきる。かぼちゃはひと口大に切る。
2 耐熱ボウルに**1**を入れて水をふり、ふんわりとラップをして電子レンジで3～4分加熱する。
3 2に**A**を加えて、かぼちゃを軽くつぶすようによく混ぜ合わせる。こしょうで味をととのえる。

> かぼちゃから出た水分も一緒に混ぜて、しっとりとさせます。

Day 278 和食に合うサラダ

みそがゆかり粉の香りを引き立てます

大豆とれんこんのゆかり粉サラダ

材料(2人分)
大豆缶(水煮)……80g
れんこん……120g
A│マヨネーズ……大さじ1
　│ゆかり粉、みそ……各小さじ1

エネルギー157kcal

1 大豆は缶汁をきる。れんこんは6～7mm厚さの半月切りにする。
2 鍋に湯を沸かして1を3～4分ゆで、ザルに上げて水気をきる。
3 ボウルにAを入れてよく混ぜ、2を加えてあえる。

> れんこんはシャキシャキに仕上げたいので、ゆですぎないように気をつけて。

part 3 缶詰サラダ 大豆缶・ミックスビーンズ缶

Day 279 アレンジレシピ
れんこんをごぼうにして食感を変えます
大豆とごぼうのゆかり粉サラダ
エネルギー142kcal

「大豆とれんこんのゆかり粉サラダ」のれんこん120g→ささがきにしたごぼう80gにして、大豆と一緒に1～2分ゆでる。

Day 280 洋食に合うサラダ

バルサミコ酢が入ると、大人の味わいに

ミックスビーンズとソーセージのホットサラダ

> ドレッシングの酸味が飛ばないように、火を止めてから加えて混ぜます。

材料（2人分）
ミックスビーンズ缶（ドライパック）……80g
ウインナソーセージ……4本
玉ねぎ（みじん切り）……1/4個（40g）
A｜バルサミコ酢……大さじ1
　｜砂糖……小さじ1/2
　｜塩、こしょう……各少々
オリーブ油……大さじ1

エネルギー255kcal

1 ソーセージは1cm厚さの斜め切りにする。Aは混ぜ合わせておく。
2 フライパンにオリーブ油と玉ねぎを入れて中火で炒め、玉ねぎが透きとおってきたらソーセージとミックスビーンズを加えて炒め合わせる。ソーセージに薄い焼き色がついたら火を止め、Aを加えて混ぜ合わせる。

Day 281 アレンジレシピ

ソーセージをチーズにして濃厚な味わいに

ミックスビーンズとチーズのホットサラダ

エネルギー211kcal

「ミックスビーンズとソーセージのホットサラダ」のウインナソーセージ4本→食べやすい大きさに切ったプロセスチーズ50gにして、炒めずにAと一緒に混ぜる。

Part
4

＼ ダイエット中でも安心！／

ヘルシー
サラダ

大豆製品や海藻などを上手に組み合わせてカロリーダウン！
ヘルシーというとものたりないイメージもありますが、
アイデア次第でボリュームも食べごたえも
大満足のサラダになります。

Day 282 洋食に合うサラダ

にんにくと粉チーズで満足感アップ

くずし豆腐の洋風サラダ

材料(2人分)
木綿豆腐……2/3丁(200g)
ツナ缶(水煮)……小1缶(80g)
レタス……2〜3枚(45g)
ベビーリーフ……小1パック(20g)
トマト……1個(150g)
A | オリーブ油、レモン汁、粉チーズ
　　……各大さじ1
　　にんにく(すりおろす)……小さじ1/2
　　塩……小さじ1/4

エネルギー191kcal

1 豆腐は1.5〜2cm角にちぎってざるにのせ、約10分おいて水きりをする。ツナは具と缶汁に分ける。レタスはひと口大にちぎり、ベビーリーフと合わせて冷水に5〜10分さらし、ザルに上げて水気をふく。トマトはひと口大の乱切りにする。
2 ボウルにAを入れてよく混ぜ、ツナの缶汁を加えて混ぜ合わせる。
3 器にレタスとベビーリーフを盛り、豆腐とトマト、ツナの具をほぐしながらのせて、2をかける。

ちぎると凹凸ができて味がからみやすくなり、水きりの時間も短縮!

Day 283 和食に合うサラダ

もっちもちのヘルシーだんごでおなかいっぱい
白玉豆腐のばくだんサラダ

> しっとり、なめらかな食感になるように、粉っぽさがなくなるまで練り混ぜて。

材料(2人分)
- 白玉粉……80g
- 絹ごし豆腐……1/3丁強(120g)
- 納豆……1パック(40g)
- きゅうり……1本(100g)
- たくあん……50g
- みょうが……2個
- A | めんつゆ(2倍濃縮)……大さじ2
    | 酢……大さじ1
    | ごま油……大さじ1/2

エネルギー292kcal

1 ボウルに白玉粉を入れ、豆腐をくずしながら加えてよく混ぜる。耳たぶくらいのかたさになったら10等分にして丸め、中央を少しくぼませる。
2 鍋に湯を沸かして1を入れ、浮き上がってきてから約1分ゆでる。網じゃくしなどですくって冷水にとって冷まし、ザルに上げて水気をきる。
3 納豆は粘りが出るまでよく混ぜる。きゅうりとたくあんは5mm角に切る。みょうがは薄い小口切りにする。
4 Aは混ぜ合わせておく。
5 器に2と3を盛り合わせ、4をかける。

part 4 ヘルシーサラダ

Day 284 アレンジレシピ
白玉豆腐をそばにしてメイン風サラダに
そばのばくだんサラダ

エネルギー241kcal

「白玉豆腐のばくだんサラダ」の白玉粉80gと絹ごし豆腐1/3丁強(120g)→ゆでそば1玉(170g)にして、1〜2分ゆでて流水で洗って水気をきる。味がものたりない場合は、めんつゆ(2倍濃縮)適量で味をととのえる。

Day 285 洋食に合うサラダ

マヨネーズ&ヨーグルトでしっとりなめらかに仕上げます

おからのポテトサラダ風

材料(2人分)
おから(生)……120g※
ハム……4枚
きゅうり……1本(100g)
ホールコーン缶……20g
塩……適量
A マヨネーズ……小さじ4
　プレーンヨーグルト……大さじ1※
　マスタード……小さじ1
こしょう……少々

エネルギー192kcal

※水分が少なめのおからの場合は、様子をみてAのプレーンヨーグルトの量を増やしてください。

1 耐熱皿におからを広げ、ラップをせずに電子レンジで約1分30秒加熱する。
2 ハムは6〜7mm角に切る。きゅうりは薄い輪切りにしてボウルに入れ、塩小さじ1/4をふって軽くもみ、しんなりとしたら水気を絞る。コーンは缶汁をきる。
3 ボウルにAを入れてよく混ぜ、塩少々、こしょうで味をととのえる。1と2を加えてあえる。

余分な水分を飛ばして、ドレッシングを浸透しやすくします。

Day 286

洋食に合うサラダ

バルサミコ酢とレモン汁で酸味をおいしくきかせます

根菜のデリサラダ

野菜のもつ水分だけで火をとおして、うま味を閉じ込めて。

材料(2人分)
にんじん……1/3本(60g)
かぶ……1個(80g)
れんこん、ごぼう……各80g
グリーンリーフ……3〜4枚(60g)
A 粉チーズ……大さじ2
　バルサミコ酢、レモン汁……各大さじ1
　マヨネーズ……大さじ1/2
　砂糖、しょうゆ……各小さじ1
　塩……小さじ1/4
　こしょう……少々
オリーブ油……大さじ1

エネルギー197kcal

1 にんじんは8mm角の棒状に切る。かぶは茎を約2cm残して12等分のくし形に切る。れんこんは8mm厚さの半月切り、ごぼうは斜め薄切りにする。
2 グリーンリーフはひと口大にちぎって冷水に5〜10分さらし、ザルに上げて水気をふく。Aは混ぜ合わせておく。
3 フライパンにオリーブ油を中火で熱し、1を重ならないように並べて焼く。焼き色がついてきたら裏返し、ふたをして2〜3分蒸し焼きにする。ふたを取り、汁気を飛ばすように炒める。火を止めてAを加え、大きく混ぜ合わせる。
4 器にグリーンリーフを敷き、3をのせる。

part 4 ヘルシーサラダ

Day 287 お酒に合うサラダ

三つ葉&薬味でさわやかにいただきます

ささ身と香味野菜のさっぱりサラダ

材料(2人分)
鶏ささ身……4本(200g)
三つ葉……1束(40g)
みょうが……2個
しょうが……1/2かけ
塩……小さじ1/4
A しょうゆ……小さじ4
　 いりごま(白)……大さじ1
　 レモン汁……小さじ2
　 砂糖、酢、ごま油……各小さじ1

エネルギー163kcal

1 ささ身は筋を取り除き、塩をもみ込む。鍋に湯を沸かし、ささ身を入れて再び沸騰したら火を止め、ふたをして8〜10分おいて蒸らし、余熱で火をとおす。ザルに上げて水気をきり、粗熱が取れたら粗くほぐす。
2 三つ葉は2〜3cm長さに切る。みょうがは千切り、しょうがはみじん切りにする。
3 Aは混ぜ合わせておく。
4 器に2を盛り合わせて1をのせ、3をかける。

> しっとり、ふっくらとするように、余熱でじんわりと火をとおして。

Day 288
エスニックに合うサラダ
すし酢＋カレー粉の組み合わせがGOOD！
ツナのライスサラダ

材料（2人分）
ご飯（温かくても冷めたものでも）……200g
ツナ缶（水煮）……小1缶（80g）
プロセスチーズ……20g
きゅうり……小1本（80g）
ミニトマト……5個（75g）
A｜すし酢……大さじ2
　｜オリーブ油……大さじ1/2
　｜カレー粉……小さじ1

エネルギー299kcal

1 ツナは缶汁を軽くきる。プロセスチーズときゅうりは5～7mm角に切る。ミニトマトは4等分のくし形に切る。
2 ボウルにAを入れてよく混ぜ、ご飯、1の順に加えて混ぜ合わせる。

> ご飯を先にドレッシングと混ぜて味をしみ込ませると、味がぼやけません。

---

part 4 ヘルシーサラダ

材料（2人分）
ゆでだこの足（そぎ切り）……120g
オクラ……4本（40g）
水菜（3～4cm長さ）……小2株（70g）
ミニトマト（横半分）……4個（60g）
塩……適量
A｜納豆（粗くたたく）……1パック（40g）
　｜みそ……大さじ1
　｜みりん、酢……各大さじ1/2
　｜練りからし……小さじ1

エネルギー156kcal

1 オクラは塩をふり、板ずりをしてゆでて冷まし、水気をきって（P75・1参照）、斜め切りにする。Aは混ぜ合わせておく。
2 器にゆでだことオクラ、水菜、ミニトマトを盛り合わせ、Aをかける。

> 納豆は食感も楽しめるように、粒が残る程度にたたいてから混ぜます。

Day 289
和食に合うサラダ
納豆をドレッシングに！
ノンオイルでもおなか大満足
たことオクラの納豆サラダ

Day 290 アレンジレシピ
野菜を替えてシャキシャキ感をアップ
たこと大根の納豆サラダ
エネルギー151kcal

「たことオクラの納豆サラダ」のオクラ4本（40g）、水菜小2株（70g）、ミニトマト4個（60g）→千切りにした大根80g、千切りにしたきゅうり1本（100g）、細切りにした青じそ4枚にする。塩適量は除く。

Day 291 和食に合うサラダ

さばのうま味が絶妙にからんで美味!
そばサラダ

材料(2人分)
そば(乾麺)……80g
さば缶(水煮)……大1缶(190g)
大根(千切り)……150g
水菜(3〜4cm長さ)……1株(40g)
トマト(5mm厚さの半月切り)……1個(150g)
A | めんつゆ(ストレート)……大さじ3
　　酢……大さじ1/2
　　ごま油……小さじ1

エネルギー393kcal

> ぬめりを落としながらよく冷やしてコシを出します。

1 鍋に湯を沸かし、そばを袋の表示時間どおりにゆでる。ザルに上げて流水でもみ洗いをしながら冷やし、よく水気をきる。
2 ボウルにAを入れてよく混ぜ、さばを缶汁ごと加えて、粗くほぐしながら混ぜ合わせる。
3 別のボウルに1と大根、水菜を入れて軽く混ぜ合わせる。
4 器にトマトを敷き、3をのせて2をかける。

Day 292 アレンジレシピ
そばをきしめんにして食感を変えます
きしめんサラダ
エネルギー360kcal

「そばサラダ」のそば(乾麺)80g→ゆできしめん1玉(200g)にして、1〜2分ゆでて流水で洗って水気をきる。

218

Day 293

エスニックに合うサラダ

キャベツでかさ増し！ナンプラーで本格味に

フォー風サラダそうめん

> キャベツはゆでると甘味が増し、そうめんとからみやすくなります。

材料(2人分)
そうめん……2束(100g)
えび(殻つき)……4尾
キャベツ……2枚(100g)
紫玉ねぎ(または玉ねぎ)……1/4個(40g)
もやし……1/2袋(100g)
A　水……大さじ4
　　スイートチリソース、ナンプラー
　　　……各大さじ1
　　しょうが(すりおろす)、はちみつ、
　　　レモン汁、オリーブ油……各小さじ1
　　鶏ガラスープの素(顆粒)……小さじ1/3
シャンツァイ(あれば・粗く刻む)……適量

エネルギー288kcal

1 鍋に湯を沸かし、そうめんを袋の表示時間どおりにゆでる。ザルに上げて流水でもみ洗いをしながら冷やし、よく水気をきる。
2 えびは尾に近い1節を残して殻をむき、背に切り込みを入れて背ワタを取る。キャベツは千切りにする。紫玉ねぎは繊維に沿って薄切りにする。水に5〜10分さらしてザルに上げ、ペーパータオルで包んで軽く水気を絞る。Aは混ぜ合わせておく。
3 鍋に湯を沸かしてキャベツを1〜2分ゆで、網じゃくしなどで取り出して水気をきる。同じ湯にえび、もやしの順に入れて2〜3分ゆでてザルに上げ、水気をきる。
4 器に1と3、紫玉ねぎを盛り合わせてAをかけ、シャンツァイをのせる。

Day 294 和食に合うサラダ
ごまの香りが上品です
高野豆腐のごまサラダ

材料(2人分)
高野豆腐……1個(16g)
にんじん(細切り)……小1／2本(80g)
きゅうり(細切り)……1本(100g)
A | 水……1カップ
　　めんつゆ(2倍濃縮)……大さじ1
B | すりごま(白)……大さじ2
　　酢、砂糖、しょうゆ……各小さじ2
　　塩……少々

エネルギー126kcal

1 高野豆腐はぬるま湯に約10分つけて戻し、軽く水気を絞って細切りにする。
2 鍋にAを入れて中火で煮立て、1とにんじんを加えて2〜3分煮る。粗熱を取り、軽く汁気をきる。
3 Bをよく混ぜ、2ときゅうりをあえる。

> 軽く戻した高野豆腐は下味をつけながら煮てさらに戻し、味がぼやけないようにします。

Day 295 お酒に合うサラダ
酢みそにごまとマヨネーズを加えてコクあり
わかめと桜えびの酢みそサラダ

材料(2人分)
わかめ(塩蔵・洗って切る)……50g
長ねぎ(3cm長さに切って4つ割り)……1本
A | ごま油……小さじ2
　　桜えび……大さじ1・1／2(6g)
酒……大さじ1
B | すりごま(白)……大さじ2
　　酢……大さじ1
　　みそ……小さじ2
　　砂糖、マヨネーズ……各小さじ1

エネルギー141kcal

1 フライパンにAを入れ、弱火で炒める。長ねぎを加えて酒をふり、長ねぎがしんなりとするまで炒める。
2 Bをよく混ぜ、わかめと1をあえる。

> 甘味を引き出すように、弱火で炒めて。

Day 296 アレンジレシピ
桜えびをいかにして歯ごたえを変えます
わかめといかの酢みそサラダ

エネルギー167kcal

「わかめと桜えびの酢みそサラダ」のA→いか(刺身用・細切り)80gにして、長ねぎは1〜2分ゆでて水気をきる。酒大さじ1は除く。Bにしょうゆ小さじ1を加え、わかめ、いか、長ねぎをあえる。

Day 297 和食に合うサラダ

おかか入りのとろろをたっぷりとかけます
ところてんのとろろサラダ

材料(2人分)
- ところてん……大1パック(130g)
- レタス……1/2個(200g)
- きゅうり……1本(100g)
- 長いも……1/2本(200g)
- A
  - めんつゆ(2倍濃縮)……大さじ1
  - しょうゆ、酢……各小さじ1
  - みりん……小さじ1/2
  - 削り節……小1パック(3g)
- 刻みのり……適量

1 ところてんは水気をきる。レタスときゅうりは千切りにする。
2 ボウルに1を入れてよく混ぜる。
3 長いもはすりおろす。別のボウルに長いもとAを入れ、よく混ぜる。
4 器に2を盛り、3をかけて刻みのりをのせる。

> ツルッ&シャキッとした歯触りが一緒に楽しめるように混ぜ合わせておきます。

エネルギー105kcal

part 4 ヘルシーサラダ

Day 298 アレンジレシピ
卵黄を加えてボリュームとコクをアップ
ところてんの卵黄のせとろろサラダ

「ところてんのとろろサラダ」に卵黄1個分を加え、刻みのりをのせる前に落とす。

エネルギー144kcal

Day 299 お酒に合うサラダ
薬味がたっぷり！
めかぶと大根のサラダ

材料(2人分)
めかぶ(味のついていないもの)
　……1パック(35g)
大根……150g
みょうが……2個
青じそ……3枚
A｜ポン酢しょうゆ……大さじ2
　　しょうが(すりおろす)、ごま油
　　　……各小さじ1

エネルギー45kcal

1 大根とみょうが、青じそは千切りにする。
2 ボウルにAとめかぶを入れてよく混ぜ、大根とみょうがを加えてさっくりと混ぜ合わせる。器に盛り、青じそをのせる。

味つきのめかぶの場合は、味が濃くならないようにポン酢しょうゆを1/2量に。

Day 300 洋食に合うサラダ
トマトドレッシングがおいしい！
ひじきのサラダ

材料(2人分)
長ひじき(乾燥・水で約15分戻す)……6g
にんじん(千切り)……1/3本(60g)
パプリカ(黄・斜め薄切り)……1/3個(60g)
A｜トマト(粗く刻む)……1/4個(40g)
　　オリーブ油、しょうゆ……各大さじ1
　　はちみつ、粒マスタード
　　　……各小さじ1
　　塩、こしょう……各少々

エネルギー106kcal

1 耐熱皿にひじきをのせ、ラップをせずに電子レンジで約1分30秒加熱し、食べやすく切る。にんじんは1～2分ゆでてザルに上げ、水気をきる。
2 Aをよく混ぜ、1とパプリカをあえる。

電子レンジで加熱すると余分な水分が抜けて、味もしみ込みやすい！

Day 301 アレンジレシピ
ドレッシングをマヨネーズ味に
ひじきのマヨサラダ

エネルギー87kcal

「ひじきのサラダ」のAのオリーブ油大さじ1→マヨネーズ大さじ1、しょうゆ大さじ1→しょうゆ小さじ1、塩少々→塩小さじ1/4にする。

Day 302

中華に合うサラダ

春雨で作るよりヘルシー！ ピリ辛味でご飯にも合います

しらたきのチャプチェ風サラダ

> しらたきの臭みが残らないように、しっかりと水分を飛ばします。

材料（2人分）
- 牛こま切れ肉……80g
- しらたき（アク抜き不要のもの）……小1袋（150g）
- 玉ねぎ……1/4個（40g）
- パプリカ（赤）……1/3個（60g）
- しいたけ……3個
- A | 水……1/4カップ
    すりごま（白）……大さじ1
    砂糖、しょうゆ……各大さじ1/2
    コチュジャン……小さじ1
    鶏ガラスープの素（顆粒）……小さじ1/2
- ごま油……大さじ1
- ブロッコリースプラウト……1パック（20g）

エネルギー186kcal

1 牛肉は細切りにする。しらたきはよく洗い、水気をきって食べやすい長さに切る。玉ねぎは繊維に沿って薄切りにし、パプリカは縦に細切り、しいたけは薄切りにする。Aは混ぜ合わせておく。

2 フライパンにごま油を中火で熱し、しらたきを水分を飛ばすように炒める。牛肉と玉ねぎ、パプリカ、しいたけを加えて炒め合わせる。

3 全体に油が回ったらAを加え、汁気がなくなるまで混ぜながら炒め合わせる。冷まして器に盛り、ブロッコリースプラウトをのせる。

Day 303 〈和食に合うサラダ〉
塩麹のまろやかさで食べやすく
切り昆布の塩麹ナムルサラダ

材料(2人分)
切り昆布(乾燥)……10g
長ねぎ(みじん切り)……5cm(10g)
にんじん(千切り)……20g
貝割れ大根……2パック(40g)
ごま油……大さじ1/2
A　塩麹……大さじ1/2
　　いりごま(白)……小さじ1
　　にんにく(すりおろす)……小さじ1/2

エネルギー66kcal

1 切り昆布は水に約10分つけて戻す。水気をきり、食べやすい長さに切る。
2 フライパンにごま油を中火で熱し、1と長ねぎ、にんじんを全体にツヤが出るまで炒める。
3 ボウルにAを入れてよく混ぜる。2が温かいうちに加えてあえ、貝割れ大根を加えてさっくりと混ぜ合わせる。

> 炒めることで切り昆布にコクをプラス！

Day 304 〈和食に合うサラダ〉
おろしトマト+ポン酢しょうゆで
ごちそう感アップ
海藻ミックスと ブロッコリーのサラダ

材料(2人分)
海藻ミックス(乾燥)……10g
ブロッコリー(小房)……1/4株(60g)
グリーンリーフ(ちぎる)……3〜4枚(60g)
水……大さじ2
A　トマト(すりおろす)……1/2個(70g)
　　ポン酢しょうゆ……大さじ2
　　ごま油……小さじ1

エネルギー45kcal

1 海藻ミックスは水に約10分つけて戻し、ザルに上げて水けを絞る。ブロッコリーは水をふり、蒸しゆでにして水気をきる(P163・2参照)。粗熱が取れたら大きいものは縦半分に切る。
2 Aは混ぜ合わせておく。
3 器にグリーンリーフを敷き、1を盛り合わせて2をかける。

> 海藻は水っぽくなりやすいので、しっかりと水気を絞っておきます。

224

Part
5

＼ ボリューム満点！ ／

おかず
サラダ

メインのおかずになる、肉や魚介などをプラスした
具だくさんサラダ。
ご飯やパンはもちろん、お酒にもぴったり！
休日のゆったりランチにもオススメです。

Day 305 洋食に合うサラダ

めんつゆ＋わさび＋オリーブ油のバランスがGOOD！

ステーキサラダの
わさびドレッシングがけ

材料（2人分）
牛もも肉（またはランプ・ステーキ用）……200g
グリーンリーフ……3〜4枚（60g）
ベビーリーフ（または春菊）
　　……大1パック（40g）
トマト……1／2個（70g）
塩、こしょう……各少々
A｜めんつゆ（2倍濃縮）……大さじ1・1／2
　｜酢……大さじ1／2
　｜オリーブ油、練りわさび……各小さじ1
サラダ油……小さじ1

エネルギー264kcal

1 牛肉は冷蔵庫から出し、室温に約20分おいて、両面に塩、こしょうをふる。
2 グリーンリーフはひと口大にちぎり、ベビーリーフと合わせて冷水に5〜10分さらし、ザルに上げて水気をふく。トマトは6等分のくし形に切る。
3 Aは混ぜ合わせておく。
4 フライパンにサラダ油を強火で熱し、1をさっと焼く。牛肉の両面に焼き色がついたら火を止め、ふたをして5〜7分蒸らす。牛肉を取り出し、1cm厚さのそぎ切りにする。
5 器に2を盛り合わせ、4をのせて3をかける。

火をとおしすぎるとかたくなるので、表面だけを焼いて余熱で火をとおして。

part 5

おかずサラダ

Day 306 アレンジレシピ
ドレッシングをバルサミコ味に
ステーキサラダのバルサミコドレッシングがけ
エネルギー280kcal

「ステーキサラダのわさびドレッシングがけ」のA→めんつゆ（2倍濃縮）大さじ1・1／2、バルサミコ酢大さじ1、オリーブ油小さじ2にする。

Day 307 洋食に合うサラダ

キウイをW使い。やさしい甘味で食べやすい！

チキンのフルーティーサラダ

鶏肉は皮の面から焼くと余分な脂が落ち、ジューシーに焼き上がります。

材料(2人分)
鶏もも肉……1枚(200g)
パプリカ(黄)、紫玉ねぎ(または玉ねぎ)
　……各1／4個(各40g)
グリーンリーフ……3～4枚(60g)
キウイ……1／2個(50g)
A｜しょうゆ、酒、みりん……各大さじ1／2
B｜キウイ(すりおろす)……1／2個(50g)
　白ワインビネガー(または酢)……大さじ1
　オリーブ油、粒マスタード……各小さじ1
　塩、こしょう……各少々
サラダ油……小さじ1

エネルギー312kcal

1 鶏肉はAをからめる。
2 パプリカは斜め薄切り、紫玉ねぎは繊維に沿って薄切りにする。グリーンリーフはひと口大にちぎる。紫玉ねぎとグリーンリーフを合わせて冷水に5～10分さらし、ザルに上げて水気をふく。キウイは4～6等分のくし形に切る。
3 Bは混ぜ合わせておく。
4 フライパンにサラダ油を強火で熱し、1の皮の面を下にして入れて2～3分焼く。鶏肉に焼き色がついたら裏返し、ふたをして2～3分蒸し焼きにする。鶏肉を取り出し、食べやすい大きさに切る。
5 器に2を盛り合わせ、4をのせて3をかける。

Day 308 お酒に合うサラダ

少量の油であっさり。しょうゆ味ベースだからご飯にも◎

手羽先と野菜のグリルサラダ

こんがりと焼くと香ばしさが加わり、素材のうま味も凝縮！

材料（2人分）
鶏手羽先……4本
れんこん……40g
ズッキーニ……1/2本弱（80g）
かぼちゃ……50g
塩、こしょう……各少々
A　酢……小さじ4
　　しょうゆ……大さじ1
　　オリーブ油……小さじ2
　　塩……小さじ1/4

エネルギー274kcal

1 手羽先は皮と反対側の面の骨に沿って切り込みを入れ、塩、こしょうをもみ込む。
2 れんこんは5mm厚さ、ズッキーニは1cm厚さの輪切りにする。かぼちゃは7〜8mm厚さのくし形に切る。
3 Aは混ぜ合わせておく。
4 魚焼きグリルにアルミ箔を敷き、1を並べて中火で3〜4分焼き、あいたところに2をのせて4〜5分焼く（両面焼きグリルの場合。片面焼きグリルの場合は途中で裏返し、手羽先を5〜6分、野菜をのせて6〜7分焼く）。途中、焦げそうな場合はアルミ箔をかぶせる。
5 器に4を盛り、3をかける。

part 5 おかずサラダ

Day 309 アレンジレシピ
手羽先をえびにしてプリッとした食感を楽しみます
えびと野菜のグリルサラダ
エネルギー168kcal

「手羽先と野菜のグリルサラダ」の鶏手羽先4本→えび（殻つき）大6尾にして、魚焼きグリルで野菜と一緒に4〜5分焼く（両面焼きグリルの場合。片面焼きグリルの場合は途中で裏返して6〜7分焼く）。

229

材料(2人分)
豚ロース薄切り肉(しゃぶしゃぶ用)
……160g
A | 大根(千切り)……120g
にんじん(千切り)……40g
わかめ(塩蔵・洗って切る)……60g
B | にら(細かく刻む)……1/3束(30g)
しょうゆ……小さじ4
しょうが(すりおろす)、みりん、
酢、ごま油……各小さじ1
豆板醤……小さじ1/3
水……1/4カップ

エネルギー269kcal

1 ボウルにBを入れてよく混ぜ、冷蔵庫に30分～1時間おく。
2 鍋に湯を沸かし、水を加えて約80℃に下げる。豚肉を1枚ずつ加えてゆで、ザルに取り出して水気をきる。
3 器にA、2の順に盛り、1をかける。

にらをしんなりとさせて、食べやすく！

Day 310
にらたっぷりのピリ辛ドレッシングで元気に！
ピリ辛豚しゃぶサラダ

材料(2人分)
厚揚げ……1枚(150g)
しし唐辛子……6本
大根……200g
しょうゆ……小さじ2
A | 酢……大さじ2
砂糖、しょうゆ……各小さじ2
塩……小さじ1/3

エネルギー162kcal

1 厚揚げは両面にしょうゆを塗る。しし唐辛子は切り込みを入れる。
2 アルミ箔を敷いた天板に1をのせ、オーブントースターで10～15分焼く。厚揚げは粗熱が取れたら、食べやすい大きさに切る。
3 大根はすりおろして軽く汁気をきる。ボウルに大根とAを入れてよく混ぜ、2を加えてあえる。

汁気を絞りすぎるとパサパサになるので、軽くきるくらいでOK。

Day 311
甘辛の大根おろしをからめて
焼き厚揚げとしし唐のおろしサラダ

Day 312

エスニックに合うサラダ

スパイシーな味つけなので、キャベツとからめてどうぞ

ドライカレーサラダ

材料(2人分)
牛ひき肉(赤身)……150g
ホールコーン缶……40g
キャベツ……2〜3枚(150g)
玉ねぎ(みじん切り)……1/4個(40g)
オリーブ油……大さじ1/2
カレー粉……大さじ1
A 水……大さじ3
　トマトピューレ、トマトケチャップ
　　……各小さじ2
　ウスターソース……大さじ1/2
　しょうゆ……小さじ1
　洋風スープの素(顆粒)……小さじ1/2
塩、こしょう……各少々

エネルギー223kcal

1 コーンは缶汁をきる。キャベツは千切りにする。
2 フライパンにオリーブ油と玉ねぎを入れ、中火で炒める。玉ねぎが透きとおったらカレー粉を加えて炒め合わせ、香りが立ったらひき肉を加えて炒め合わせる。
3 ひき肉の色が変わってきたらAを加え、強めの中火にして煮立て、ときどき混ぜながら約5分煮詰める。コーンを加えてさらに煮詰め、汁気がなくなったら塩、こしょうで味をととのえる。
4 器にキャベツを盛り、3をかける。

> 水分が多いとベチャッとするので、余分な汁気は飛ばします。

Day 313 お酒に合うサラダ

アンチョビとにんにくが香る濃厚ソース。具はお好みのものを

バーニャカウダ

口当たりがよくなるように、ペースト状になるまで細かくつぶして。

材料（2人分）
- ゆでえび……6尾
- スナップえんどう……7〜8個
- ラディッシュ、マッシュルーム……各2個
- レモン汁……小さじ1
- アンチョビ（フィレ）……30g
- にんにく……1〜2かけ
- オリーブ油……1/4カップ
- 生クリーム……大さじ2

エネルギー366kcal

1 ゆでえびは尾に近い1節を残して殻をむき、背ワタを取る。鍋に湯を沸かし、スナップえんどうを2〜3分ゆでてザルに上げ、水気をきる。ラディッシュは半分に切る。マッシュルームは半分に切ってレモン汁をふる。

2 アンチョビは細かくたたく。にんにくは薄皮つきのまま1かけずつラップで包んで耐熱皿にのせ、電子レンジで30〜40秒加熱する。薄皮をむき、フォークなどでつぶす（アンチョビとにんにくはミキサーで撹拌すると、よりなめらかな口当たりに）。

3 小さめの鍋に2とオリーブ油を入れ、弱火で熱してかき混ぜながら温め、生クリームを少しずつ加えて混ぜ合わせる。

4 器に1を盛り合わせ、別の器に3を盛って添え、つけていただく。

Day 314 エスニックに合うサラダ

きゅうり入りのヨーグルトドレッシングでトルコ風に

キョフテのサラダ

材料(2人分)
- A｜豚ひき肉……120g
  鶏ひき肉(胸肉)……80g
  セロリ(すりおろす)……1/4本(30g)
  塩……小さじ1/3
- B｜セロリの葉(みじん切り)……適量
  粗びき黒こしょう、クミンパウダー
  (またはカレー粉)……各少々
- サニーレタス……3枚(60g)
- トマト……1個(150g)
- オリーブ油……小さじ2
- C｜きゅうり(みじん切り)……1/2本(50g)
  プレーンヨーグルト……50g
  にんにく(すりおろす)……小さじ1/2
  塩……小さじ1/4

エネルギー285kcal

1 ボウルにAを入れて粘りが出るまでよく混ぜ、Bを加えて混ぜ合わせる。10等分にして平たい円形にまとめる。
2 フライパンにオリーブ油を中火で熱し、1を返しながら焼く。表面に焼き色がついたらふたをし、2〜3分蒸し焼きにする。
3 サニーレタスはひと口大にちぎって冷水に5〜10分さらし、ザルに上げて水気をふく。トマトは6〜8等分のくし形に切る。Cは混ぜ合わせておく。
4 器にサニーレタスを敷き、2とトマトをのせてCをかける。

> セロリの葉とスパイスがひき肉の臭みをやわらげ、さわやかな香りも加わります。

part 5 おかずサラダ

233

Day 315 　洋食に合うサラダ

とびっきり濃厚！ワインにも合います

チーズフォンデュ風サラダ

材料（2人分）
カマンベールチーズ……1個（100g）
じゃがいも……1個（皮つきで160g）
ブロッコリー（小房）……1/3株（80g）
ヤングコーン……4本
ミニトマト……4個（60g）
白ワイン……小さじ2
水……大さじ2

エネルギー238kcal

1 カマンベールチーズは、上面の縁に沿って切り込みを入れてから十文字の切り込みを入れる。中心から上面をそぎ、半分まできたら外側に折る。

2 アルミ箔を敷いた天板に1をのせ、白ワインをふってオーブントースターで9～10分焼く。

3 じゃがいもは皮つきのまま水で濡らしたペーパータオルで包んでからラップで包む。耐熱皿にのせ、電子レンジで約2分加熱して裏返し、さらに約1分30秒加熱する。粗熱が取れたら6等分に切る。

4 ブロッコリーは水をふり、蒸しゆでにして水気をきる（P163・2参照）。粗熱が取れたら大きいものは縦半分に切る。ヤングコーンは2～3分ゆでて水気をきる。

5 器に3と4、ミニトマトを盛り合わせ、2につけていただく。

> 冷めてチーズがかたくなったら、トースターで温め直して。

234

Day 316

洋食に合うサラダ

しっとりジューシー！ハーブの香りがさわやかです

チキンタブレサラダ

材料（2人分）
鶏胸肉……小1枚（180g）
クスクス……50g
パプリカ（黄）……1/3個（60g）
ミニトマト……4個（60g）
塩……小さじ1/4
酒……大さじ1
A│長ねぎ（青い部分）……適量
　│しょうが（薄切り）……2〜3枚
オリーブ油……小さじ2
B│湯……1/4カップ
　│洋風スープの素（顆粒）……小さじ1/2
C│すし酢……大さじ1〜2
　│ミント（またはセロリ・みじん切り）、
　│パセリ（みじん切り）、粉チーズ
　│……各大さじ1
　│にんにく（みじん切り）……1/2かけ
ブラックオリーブ（小口切り）……20g

エネルギー273kcal

1 鶏肉は塩をもみ込む。鍋に鶏肉を入れて酒をふり、Aとひたひたの水を加えて中火で煮立て、弱火にして4〜5分煮る。鶏肉を裏返し、さらに1〜2分煮る。火を止めてふたをし、そのまま粗熱を取る。鶏肉を取り出し、食べやすい大きさに切る。
2 ボウルにクスクスを入れてオリーブ油を加え、手ですり混ぜる。全体に油がなじんだらBを加えて手早く混ぜ、ラップをして約5分おく。
3 パプリカは5mm角、ミニトマトは4等分のくし形に切る。
4 2に3とCを加えて混ぜ合わる。
5 器に4を盛り、1をのせてオリーブを散らす。

> 蒸らしながら水分と味を含ませ、ふっくらとさせます。

part 5 おかずサラダ

Day 317　エスニックに合うサラダ

ゴーヤの苦味がおいしさにひと役！
まぐろのエスニックサラダ

> 紫玉ねぎは水にさらさず、ほかの具をあえる前にドレッシングと混ぜて辛味を抜いて。

材料(2人分)
- まぐろ(赤身・刺身用・さく)……120g
- ゴーヤ……1/3本(80g)
- 紫玉ねぎ(または玉ねぎ)……1/2個(80g)
- A | バルサミコ酢、ナンプラー……各大さじ1
    | 砂糖……大さじ1/2
    | オリーブ油……小さじ1

エネルギー124kcal

1　まぐろはペーパータオルではさんで余分な水気を取り、薄いそぎ切りにする。
2　ゴーヤは縦半分に切ってから横に薄切りにする。鍋に湯を沸かし、ゴーヤを約1分ゆでてザルに上げ、水気をきる。紫玉ねぎは繊維に沿って薄切りにする。
3　ボウルにAを入れてよく混ぜ、紫玉ねぎを加えて軽くもみ込む。1とゴーヤを加えてさっくりと混ぜ合わせる。

Day 318　アレンジレシピ
まぐろをかつおにして味わいを変えます
かつおのエスニックサラダ
エネルギー129kcal

「まぐろのエスニックサラダ」のまぐろ(赤身・刺身用・さく)120g→かつお(刺身用・さく)120gにする。

Day 319
お酒に合うサラダ

ワインと相性抜群！
あじとグレープフルーツのカルパッチョ風サラダ

材料(2人分)
- あじ (三枚おろし・刺身用) …… 180g
- グレープフルーツの果肉 …… 1個分(150g)
- ベビーリーフ …… 1/2パック(15g)
- A
  - グレープフルーツの果汁 …… 大さじ3
  - オリーブ油 …… 大さじ2〜3
  - 白ワインビネガー (または酢) …… 小さじ2
  - 塩 …… 小さじ1/4〜1/3
  - はちみつ …… 小さじ1

エネルギー196kcal

1 あじは水気をふき、皮をむいて薄いそぎ切りにする。Aは混ぜ合わせておく。
2 器にあじとグレープフルーツの果肉を盛り、ベビーリーフをのせてAをかける。

水気をふくと臭みが取れ、味もなじみます。

材料(2人分)
- A
  - ゆでえび (半分に切る) …… 12尾
  - アボカド (熟したもの・1.5cm角) …… 1個
  - トマト (1.5cm角) …… 1/2個(70g)
  - 青ねぎ (小口切り) …… 2本
  - いりごま (白) …… 小さじ2
- B
  - 玉ねぎ (すりおろす) …… 大さじ1
  - しょうゆ …… 小さじ2
  - ごま油、レモン汁、砂糖、マヨネーズ …… 各小さじ1
  - にんにく (すりおろす) …… 小さじ1/2
  - 塩 …… 少々
- マヨネーズ (好みで) …… 適量

エネルギー286kcal

Day 320
洋食に合うサラダ

ごま油でコクと風味を加えます
えびとアボカドのポキサラダ

1 Bをよく混ぜ、Aを加えて、アボカドを少しくずすように混ぜ合わせる。
2 器に1を盛り、マヨネーズをかける。

角をくずしながら混ぜてとろっとさせて。

Day 321 アレンジレシピ
わかめを加えてボリュームをアップ
えび、アボカド、わかめのポキサラダ
エネルギー264kcal

「えびとアボカドのポキサラダ」のBのマヨネーズ小さじ1は除き、しょうゆ小さじ2→しょうゆ大さじ1にする。わかめ (塩蔵) 40gを加え、よく洗って水気を絞り、食べやすい大きさに切って、具と一緒に混ぜる。

Day 322

エスニックに合うサラダ

甘辛ピーナッツソースがクセになる、インドネシア風サラダ

厚揚げのガドガドサラダ

> 表面の油はふかず、その油でカリッと焼き上げます。

材料（2人分）
厚揚げ……1枚（150g）
卵……1個
さやいんげん……約5本（30g）
もやし……3/4袋（150g）
レタス……2〜3枚（45g）
パプリカ（赤）……1/3個（60g）
A ピーナッツバター
　　　（クラッシュタイプ・加糖）、
　　　プレーンヨーグルト……各大さじ2
　　玉ねぎ（すりおろす）……大さじ1
　　ナンプラー、オイスターソース
　　　……各大さじ1/2
　　にんにく（すりおろす）……小さじ1/2
　　カレー粉……小さじ1/3

エネルギー297kcal

1 厚揚げはアルミ箔を敷いた天板にのせ、オーブントースターで10〜15分焼く。粗熱が取れたら、食べやすい大きさに切る。
2 小さめの鍋にたっぷりの湯を沸かし、卵を11〜12分ゆでる。冷水にとって冷まし、殻をむいて4等分のくし形に切る。
3 鍋に湯を沸かし、さやいんげんを2〜3分ゆでてザルに上げ、水気をきる。粗熱が取れたら、長さを半分に切る。鍋に湯を沸かし、もやしを2〜3分ゆでてザルに上げ、水気をきる。レタスはひと口大にちぎって冷水に5〜10分さらし、ザルに上げて水気をふく。パプリカは縦に細切りにする。
4 器に**1**と**2**、**3**を盛り合わせ、混ぜ合わせた**A**を別の器に盛って添える。

Part

6

＼ 時間がたってもおいしい！ ／

作りおき
サラダ

まとめて作っておけば、疲れたときや忙しい日に大助かり！
味もだんだんとしみて、おいしさも増していきます。
あと一品欲しいときや、
お弁当のおかずにも便利です。

※保存容器は清潔なものを使用。取り出すときは、菌が増える原因になるので、
清潔な菜箸やスプーンなどを使用してください。

Day 323 和食に合うサラダ

うま味がしみた漬け汁がこっくりおいしい

鮭とパプリカの焼き浸しサラダ

> 鮭とパプリカのうま味がしみている油ごと加えると、コクと風味がアップ。

材料(6人分)
生鮭(切り身)……4切れ
パプリカ(赤・黄)……各1個(各160g)
玉ねぎ……1/2個(80g)
塩、こしょう……各少々
片栗粉……適量
A　めんつゆ(ストレート)……2カップ
　　だし汁……1/2カップ
　　酢……大さじ3
　　しょうが(すりおろす)……1かけ
　　赤唐辛子(小口切り)……1/2本
サラダ油……大さじ2

エネルギー180kcal

1 鮭は3～4等分のそぎ切りにして塩、こしょうをふり、片栗粉をまぶす。パプリカは縦半分に切り、ヘタと種を取って斜め切りし、玉ねぎは繊維に沿って薄切りにする。
2 バットなどにAを入れてよく混ぜ、玉ねぎを加えて混ぜ合わせる。
3 フライパンにサラダ油を中火で熱し、鮭を約2分焼く。裏返して約2分焼き、すぐに2に加える。
4 3のフライパンを中火で熱し、パプリカを炒める。油ごと2に加えて混ぜ合わせ、20分以上漬ける。保存容器に移し、冷蔵庫で保存する。5～6日が目安。

Day 324 アレンジレシピ

鮭を手羽先にして食べごたえをアップ

手羽先とパプリカの焼き浸しサラダ

エネルギー168kcal

「鮭とパプリカの焼き浸しサラダ」の生鮭(切り身)4切れ→鶏手羽先6本にして、皮の面から焼き、裏返して酒大さじ1をふり、弱めの中火で7～8分蒸し焼きにする。パプリカを加えて炒め合わせ、漬け汁に加える。

Day 325

中華に合うサラダ

まいたけとにんじんの食感の違いがいい！

焼き肉のマリネサラダ

材料(6人分)
牛もも薄切り肉(焼き肉用)……500g
まいたけ……大1パック(150g)
にんじん……1/2本(100g)
A | 酒……大さじ1
　| 片栗粉……小さじ2
　| しょうゆ……小さじ1
B | 湯……1/2カップ
　| 酢……大さじ3
　| 玉ねぎ(すりおろす)、しょうゆ
　|　……各大さじ2
　| 砂糖……大さじ1
　| 鶏ガラスープの素(顆粒)……小さじ2
　| ごま油……小さじ1
　| 塩、こしょう……各少々
サラダ油……大さじ1・1/2

エネルギー264kcal

1 牛肉はひと口大に切り、Aをもみ込む。まいたけは小房に分ける。にんじんは千切りにする。
2 バットなどにBを入れてよく混ぜる。
3 フライパンにサラダ油大さじ1を中火で熱し、まいたけとにんじんを炒める。しんなりとしたら、すぐに2に加える。
4 3のフライパンにサラダ油大さじ1/2をたして中火で熱し、牛肉を調味料ごと入れて両面を焼く。牛肉の色が変わったら2に加え、全体をよく混ぜ合わせて20分以上漬ける。保存容器に移し、冷蔵庫で保存する。4〜5日が目安。

> すりおろした玉ねぎを加えるとうま味が加わり、味に奥行きが出ます。

材料（6人分）
にんじん……1本（200g）
きゅうり……3本（300g）
セロリ……2本（240g）
A｜水……1・1/2カップ
　｜酢、白ワイン……各3/4カップ
　｜砂糖……大さじ4・1/2（約40g）
　｜塩……小さじ2
　｜ローリエ……1～2枚

エネルギー38kcal

1 にんじんときゅうり、セロリは4～5cm長さ、8mm角の棒状に切る。
2 小さめの鍋にAを入れて中火で煮立て、にんじんを加えて約1分煮る。火を止めて粗熱を取る。
3 保存容器にきゅうりとセロリを入れ、2のにんじん、漬け汁の順に加えて冷蔵庫で保存する。約1週間が目安。

> にんじんは軽く火をとおしておくと、漬け汁がしみ込みやすい！

Day 326
（洋食に合うサラダ）
ポリッとした食感が楽しい
スティック野菜のピクルス

材料（6人分）
キャベツ（細切り）……大1/2個（600g）
塩……小さじ2
A｜酢……1カップ
　｜砂糖、オリーブ油……各大さじ1強
　｜粒マスタード……大さじ1
　｜フェンネルシード
　｜（またはキャラウェイシードや
　｜クミンシード）……小さじ1/2

エネルギー64kcal

1 耐熱ボウルにキャベツを入れて塩をまぶし、ふんわりとラップをして電子レンジで5～6分加熱する。粗熱が取れたら水気を軽く絞り、混ぜ合わせたAを加えてあえる。
2 保存容器に1を移し、冷蔵庫で保存する。7～10日が目安。

> 塩をふって加熱するとしんなりとなりやすく、下味もしっかりとつきます。

Day 327
（洋食に合うサラダ）
酢＋マスタードで、酸味に深みを出します
簡単ザワークラウト

Day 328　エスニックに合うサラダ

食欲がそそられるスパイシーな香り！
れんこんのカレーピクルス

材料(6人分)
れんこん……500g
水……1/2カップ
A｜酢……1/2カップ
　｜オリーブ油……大さじ3
　｜カレー粉、砂糖……各大さじ1
　｜塩……大さじ1/2

エネルギー84kcal

1 れんこんは4〜5mm厚さの輪切りにする。
2 鍋に1と水を入れて強火で熱し、沸騰したら、Aを加えて混ぜる。再び煮立ったら火を止め、粗熱を取る。
3 保存容器に2を移し、冷蔵庫で保存する。7〜10日が目安。

> カレー粉がダマにならないようによく混ぜて溶かして。

part 6 作りおきサラダ

Day 329 アレンジレシピ
れんこんをカリフラワーにしてホックリ感を楽しみます
カリフラワーのカレーピクルス
エネルギー49kcal

「れんこんのカレーピクルス」のれんこん500g→小房に切り分けたカリフラワー大1株(400〜450g)にする。

Day 330
お酒に合うサラダ
甘辛味に唐辛子でピリッとアクセント！
ピーマンのじゃこ炒めサラダ

材料（6人分）
ピーマン……9〜10個（400g）
A｜ ごま油……大さじ1
　｜ ちりめんじゃこ……50g
　｜ 赤唐辛子（小口切り）……1本
B｜ しょうゆ……大さじ1・1/2
　｜ 酒……大さじ1
　｜ みりん……小さじ2

エネルギー63kcal

1 ピーマンは縦半分に切ってヘタと種を取り除き、横に5mm幅に切る。
2 フライパンにAを入れ、弱めの中火で炒める。ちりめんじゃこがカリッとしてきたら、1を加えてさっと炒め合わせる。Bを加え、強火で手早く炒める。
3 保存容器に2を移し、粗熱が取れたら冷蔵庫で保存する。5〜6日が目安。

食感のアクセントと風味アップのために、ちりめんじゃこは香ばしく炒めて。

Day 331
和食に合うサラダ
昆布のうま味がじんわりとしみています
大根のレモンじょうゆサラダ

材料（6人分）
大根（いちょう切り）……500g
レモン（国産・半月切り）……1/2個
A｜ 昆布（5cm角）……1枚
　｜ しょうゆ……大さじ5
　｜ 砂糖……大さじ3
　｜ みりん、酢……各大さじ1

エネルギー32kcal

1 鍋にAを入れて中火で煮立て、火を止めて、すぐに大根とレモンを加える。粗熱が取れたら昆布を取り出して細切りにし、鍋に戻す。
2 保存容器に1を移し、冷蔵庫でひと晩漬けて保存する。5〜6日が目安。

ときどき返すと、よく味がしみ込みます。

Day 332 アレンジレシピ
大根をきゅうりとしょうがにして食感を変えます
きゅうりのレモンじょうゆサラダ

エネルギー24kcal

「大根のレモンじょうゆサラダ」の大根500g→ひと口大の乱切りにしたきゅうり4本（400g）、千切りにしたしょうが1かけにする。Aの昆布（5cm角）1枚は除き、約半日漬ける。

Day 333 お酒に合うサラダ

にんにくでパンチをきかせたごまあえ風
大豆もやしのナムル

材料（6人分）
大豆もやし……3袋（600g）
A│すりごま（白）……大さじ3
　│ごま油……大さじ1
　│にんにく（すりおろす）……小さじ2
　│砂糖、しょうゆ、塩……各小さじ1

エネルギー78kcal

1 鍋に湯を沸かし、大豆もやしを2〜3分ゆでてザルに上げ、水気をきる。
2 ボウルにAを入れてよく混ぜ、1を加えて手であえる。
3 保存容器に2を移し、冷蔵庫で保存する。5〜6日が目安。

> 大豆もやしは細いので、手であえたほうが味がよくなじみます。

part 6 作りおきサラダ

Day 334 アレンジレシピ
大豆もやしをなすにして、食感と彩りを変えます
なすのナムル
エネルギー54kcal

「大豆もやしのナムル」の大豆もやし3袋（600g）→なす6本（360g）にして、3〜4分ゆでてザルに上げ、食べやすい大きさに裂く。

Day 335 さつまいものオレンジサラダ

洋食に合うサラダ

オレンジの甘酸っぱさがしっとりとしみています

材料(6人分)
さつまいも……大2本(皮つきで450g)
A │ オレンジジュース(果汁100%)
　　……3カップ
　│ 砂糖……大さじ6

エネルギー182kcal

1 さつまいもは皮つきのまま7〜8mm厚さの輪切りにする。
2 鍋に1とAを入れ、さらにさつまいもがひたひたになるくらいの水を加える。落としぶたをして中火で熱し、煮立ったら弱火にして煮汁が約半分になるまで煮て、粗熱を取る。
3 保存容器に2を移し、冷蔵庫で保存する。約1週間が目安。

半月切りやいちょう切りよりも、輪切りのほうが煮くずれしにくいです。

材料(6人分)
かぶ(くし形切り)……2個(160g)
れんこん(半月切り)……200g
ごぼう(斜め切り)……3/4本(120g)
バター……20g
水……1/4カップ
A │ 粒マスタード、レモン汁
　│ 　……各大さじ1
　│ はちみつ……小さじ2
　│ しょうゆ……大さじ1/2
　│ 塩……小さじ1/2

エネルギー81kcal

1 フライパンにバターを中火で溶かし、かぶとれんこん、ごぼうを並べて焼く。焼き色がついたら裏返し、水を加えてふたをし、弱めの中火で3〜4分蒸し煮にする。火がとおったらAを加え、全体をよく混ぜ合わせる。
2 保存容器に1を移し、粗熱が取れたら冷蔵庫で保存する。4〜5日が目安。

表面を焼いて素材のうま味を閉じ込めてから、ゆっくりと火をとおして。

Day 336 根菜のハニーマスタードサラダ

洋食に合うサラダ

大きめに切って、3種の歯ごたえを楽しんで!

Day 337

エスニックに合うサラダ

トマトの酸味、カレー粉の香りをおいしくからめます

オクラとブロッコリーのサブジ風サラダ

材料(6人分)
オクラ(斜め半分)……12本(120g)
ブロッコリー(小房)……1株(240g)
トマト(ざく切り)……大1個(200g)
A | オリーブ油……小さじ4
　　| しょうが(みじん切り)……1かけ
　　| カレー粉……小さじ2
砂糖……小さじ1／3
塩……小さじ1強
こしょう……少々

エネルギー53kcal

1 フライパンにAを入れ、中火で炒める。トマトと砂糖を加えて炒め合わせ、オクラとブロッコリーを加える。塩を加えてふたをし、2〜3分蒸し煮にする。ふたを取り、水分を飛ばしてこしょうで味をととのえる。
2 保存容器に1を移し、粗熱が取れたら冷蔵庫で保存する。3〜4日が目安。

> ドレッシングの代わりになるように、トマトはくずしながら炒めて。

材料(6人分)
ズッキーニ……2本(360g)
塩……小さじ1
A | ゆかり粉、オリーブ油
　　| ……各大さじ1

エネルギー31kcal

1 ズッキーニは縦半分に切ってから斜め薄切りにする。ボウルに入れて塩をふって軽くもみ、しんなりとしたら水気を絞る。Aを加えてよくあえる。
2 保存容器に1を移し、冷蔵庫で保存する。3〜4日が目安。

> 水分が出やすいので、水っぽくならないようにギュッと水気を絞って。

Day 338

和食に合うサラダ

さわやかな香りが口いっぱいに広がります

ズッキーニのゆかり粉サラダ

Day 339 アレンジレシピ

ゆかり粉をふりかけにして味を変えます

ズッキーニのふりかけサラダ

エネルギー38kcal

「ズッキーニのゆかり粉サラダ」のAのゆかり粉大さじ1→ふりかけ(卵味やおかか味など)大さじ1にする。

Day 340 洋食に合うサラダ

オイルがしみたきのこが美味！
たこときのこのアヒージョサラダ

> 加熱されて出てきたうま味を油に移したいので、途中でときどき混ぜ合わせて。

材料（6人分）
- ゆでだこの足……200g
- マッシュルーム……6個
- しめじ、まいたけ……各1パック（各100g）
- にんにく（みじん切り）……2かけ
- 赤唐辛子……1本
- オリーブ油……1/2カップ
- 塩……小さじ1

エネルギー182kcal

1 ゆでだこはひと口大に切る。マッシュルームは半分に切る。しめじとまいたけは食べやすい大きさにほぐす。
2 フライパンにオリーブ油とにんにくを入れ、弱火で炒める。香りが立ったら赤唐辛子と1、塩を加えて混ぜ合わせ、ふたをして、ときどき全体を混ぜながら約5分蒸し煮にする。
3 保存容器に2を移し、粗熱が取れたら冷蔵庫で保存する。6～7日が目安。

Day 341 アレンジレシピ
ゆでだこをえびにして食感を変えます
えびときのこのアヒージョサラダ

エネルギー177kcal

「たこときのこのアヒージョサラダ」のゆでだこの足200g→むきえび200gにする。仕上げに好みでパプリカパウダー適量をふる。

Part

7

いつものサラダが
ワンランクアップ！

簡単
ドレッシング

身近な材料を混ぜるだけで、
本格的なドレッシングが作れます。
手作りすれば感動もひとしお！
定番からアレンジドレッシングまで、24種類をご紹介します。

アンチョビ&粉チーズでしっかり味！
シーザードレッシング

材料（作りやすい分量）
アンチョビ（フィレ・細かく刻む）…2枚　粉チーズ…大さじ3　オリーブ油…大さじ2　マヨネーズ、酢…各大さじ1

エネルギー425kcal（全量）

ボウルに材料をすべて入れ、よく混ぜる。

Day 344
レタスのシーザードレッシングがけ

ひと口大にちぎったレタス4枚（60g）にシーザードレッシング大さじ2をかける。※材料は2人分です。
●春菊、ベビーリーフにも。

酸味とコクのバランスが取れた定番の味
フレンチドレッシング

材料（作りやすい分量）
サラダ油…大さじ4　酢…大さじ3　レモン汁、マスタード…各小さじ1　塩…小さじ2／3　砂糖…小さじ1／3

エネルギー478kcal（全量）

ボウルに材料をすべて入れ、よく混ぜる。

Day 342
キャベツのフレンチドレッシングがけ

千切りにしたキャベツ大2枚（120g）にフレンチドレッシング大さじ2をかける。※材料は2人分です。
●トマト、きゅうりにも。

すし酢を使ってマイルドな口当たりに！
サウザンドレッシング

材料（作りやすい分量）
トマトケチャップ、マヨネーズ…各大さじ3　すし酢…大さじ2　塩、こしょう…各少々

エネルギー340kcal（全量）

ボウルに材料をすべて入れ、よく混ぜる。

Day 345
きゅうりのサウザンドレッシングがけ

乱切りにしたきゅうり2本（200g）にサウザンドレッシング大さじ2をかける。※材料は2人分です。
●アボカド、ゆでたさやいんげんにも。

オレガノが入るとグンと香りが引き立ちます
イタリアンドレッシング

材料（作りやすい分量）
オリーブ油…1／4カップ　酢、レモン汁…各大さじ2　塩…小さじ1　にんにく（みじん切り）…小さじ1／2　オレガノ（ドライ）…小さじ1／4　こしょう…少々

エネルギー486kcal（全量）

ボウルに材料をすべて入れ、よく混ぜる。

Day 343
トマトのイタリアンドレッシングがけ

12等分のくし形に切ったトマト大1個（200g）にイタリアンドレッシング大さじ2をかける。※材料は2人分です。
●パプリカ、ゆでたもやしにも。

ゆで卵入り！ピクルスが味のアクセントです
タルタルドレッシング

材料（作りやすい分量）
A〈ゆで卵（みじん切り）…1個　マヨネーズ…大さじ5　玉ねぎ（みじん切り）、ピクルス（みじん切り）…各大さじ2　パセリ（みじん切り）…大さじ1〉　塩、こしょう…各少々

エネルギー493kcal（全量）

ボウルにAを入れてよく混ぜ、味をみて塩、こしょうで味をととのえる。

Day 348
トマトの
タルタルドレッシングがけ

12等分のくし形に切ったトマト大1個（200g）にタルタルドレッシング大さじ2をかける。※材料は2人分です。
●きゅうり、ゆでたブロッコリーにも。

うま味と塩気をきかせたパンチのある味
アンチョビドレッシング

材料（作りやすい分量）
A〈アンチョビ（フィレ・細かく刻む）…4枚　オリーブ油、白ワインビネガー（または酢）…各大さじ2　パセリ（ドライ）、にんにく（すりおろす）…各小さじ1〉　塩、こしょう…各少々

エネルギー297kcal（全量）

ボウルにAを入れてよく混ぜ、味をみて塩、こしょうで味をととのえる。

Day 346
レタスの
アンチョビドレッシングがけ

ひと口大にちぎったレタス4枚（60g）にアンチョビドレッシング大さじ2をかける。※材料は2人分です。
●サラダほうれん草、ゆでたれんこんにも。

3つの材料で本格味！
オーロラドレッシング

材料（作りやすい分量）
マヨネーズ…大さじ4　トマトケチャップ、牛乳…各大さじ2

エネルギー377kcal（全量）

ボウルに材料をすべて入れ、よく混ぜる。

Day 349
キャベツの
オーロラドレッシングがけ

千切りにしたキャベツ大2枚（120g）にオーロラドレッシング大さじ2をかける。※材料は2人分です。
●グリーンリーフ、ゆでたカリフラワーにも。

濃厚＆クリーミー。カマンベールで作っても
チーズドレッシング

材料（作りやすい分量）
クリームチーズ…2個（40g）　A〈プレーンヨーグルト…大さじ6　粉チーズ、牛乳…各大さじ2　オリーブ油…小さじ2　レモン汁…小さじ1　塩…小さじ1/4～1/3　こしょう…少々〉

エネルギー346kcal（全量）

耐熱ボウルにクリームチーズを入れ、ラップをせずに電子レンジで20～30秒加熱する。Aを加えて、なめらかになるまでよく混ぜ合わせる。

Day 347
キャベツの
チーズドレッシングがけ

千切りにしたキャベツ大2枚（120g）にチーズドレッシング大さじ2をかける。※材料は2人分です。
●セロリ、ゆでたじゃがいもにも。

薬味たっぷりで元気になれそう!
ねぎみそドレッシング

材料(作りやすい分量)
長ねぎ(みじん切り)…1/3本(20g)　酢…大さじ3　みそ、サラダ油、すりごま(白)…各大さじ2　だし汁…大さじ1・1/2　砂糖…小さじ2

エネルギー413kcal(全量)

ボウルに材料をすべて入れ、よく混ぜる。

Day 352
きゅうりの
ねぎみそドレッシングがけ

乱切りにしたきゅうり2本(200g)にねぎみそドレッシング大さじ2をかける。※材料は2人分です。
●ゆでたれんこん、ゆでた里いもにも。

削り節と昆布茶がうま味のもとです
和風ドレッシング

材料(作りやすい分量)
酢、水…各1/4カップ　しょうゆ…大さじ3　ごま油…大さじ2　砂糖…大さじ1　削り節…小2パック(6g)　昆布茶…小さじ1/2

エネルギー340kcal(全量)

ボウルに材料をすべて入れ、よく混ぜる。

Day 350
水菜の
和風ドレッシングがけ

3～4cm長さに切った水菜1/2束(100g)に和風ドレッシング大さじ2をかける。※材料は2人分です。
●白菜、ゆでた小松菜にも。

ごま油のコクが引き立ちます
大根おろしドレッシング

材料(作りやすい分量)
大根(すりおろす)…100g　しょうゆ、酢…各大さじ2　ごま油…大さじ1　みりん…小さじ2　砂糖…小さじ1

エネルギー208kcal(全量)

ボウルに材料をすべて入れ、よく混ぜる。

Day 353
トマトの
大根おろしドレッシングがけ

12等分のくし形に切ったトマト大1個(200g)に大根おろしドレッシング大さじ2をかける。※材料は2人分です。
●水菜、ゆでたほうれん草にも。

こっくり、さっぱりで、飽きのこない味!
みそドレッシング

材料(作りやすい分量)
みそ、酢…各大さじ2　ごま油、みりん…各小さじ2　砂糖…小さじ1

エネルギー197kcal(全量)

ボウルに材料をすべて入れ、よく混ぜる。

Day 351
水菜の
みそドレッシングがけ

3～4cm長さに切った水菜1/2束(100g)にみそドレッシング大さじ2をかける。※材料は2人分です。
●春菊、長いもにも。

とろみをつけて酸味とうま味を閉じ込めます
ノンオイル梅ドレッシング

材料（作りやすい分量）
梅干し…2個（24g） A〈水…大さじ3　めんつゆ（2倍濃縮）…大さじ2　酢…大さじ1　酒…小さじ1〉 B〈水…小さじ2　片栗粉…小さじ1〉

エネルギー60kcal（全量）

小鍋にAを入れて混ぜ、中火で煮立てる。溶いたBを加えてとろみをつけ、火を止める。種を取り、細かくたたいた梅干しを加えて混ぜ合わせる。

Day 356
水菜のノンオイル梅ドレッシングがけ

3～4cm長さに切った水菜1/2束（100g）にノンオイル梅ドレッシング大さじ2をかける。※材料は2人分です。
●玉ねぎ、ゆでたオクラにも。

さわやかな香りのあとにピリッ！
ゆずこしょうドレッシング

材料（作りやすい分量）
サラダ油、ポン酢しょうゆ…各大さじ2　ゆずの絞り汁（またはレモン汁）…小さじ4　ゆずこしょう、みりん…各小さじ2

エネルギー274kcal（全量）

ボウルに材料をすべて入れ、よく混ぜる。

Day 354
トマトのゆずこしょうドレッシングがけ

12等分のくし形に切ったトマト大1個（200g）にゆずこしょうドレッシング大さじ2をかける。※材料は2人分です。
●レタス、ゆでたかぶにも。

ツンと鼻に抜ける香りを楽しんで
ノンオイルわさびドレッシング

材料（作りやすい分量）
酢…大さじ4　水…大さじ3　みりん…大さじ2　練りわさび…大さじ1　塩、昆布茶…各小さじ1

エネルギー166kcal（全量）

ボウルに材料をすべて入れ、よく混ぜる。

Day 357
きゅうりのノンオイルわさびドレッシングがけ

乱切りにしたきゅうり2本（200g）にノンオイルわさびドレッシング大さじ2をかける。※材料は2人分です。
●アボカド、大根にも。

香り豊かでクリーミー！
ごまドレッシング

材料（作りやすい分量）
練りごま（白）、ポン酢しょうゆ…各大さじ3　ごま油…大さじ1　いりごま（白）、砂糖…各小さじ2

エネルギー454kcal（全量）

ボウルに材料をすべて入れ、よく混ぜる。

Day 355
水菜のごまドレッシングがけ

3～4cm長さに切った水菜1/2束（100g）にごまドレッシング大さじ2をかける。※材料は2人分です。
●パプリカ、ゆでたごぼうにも。

ナンプラー＋唐辛子で本場の味わい！
ベトナム風ドレッシング

材料（作りやすい分量）
ナンプラー、レモン汁…各大さじ3　サラダ油…大さじ2　砂糖…小さじ1　赤唐辛子（小口切り）…1/2本

エネルギー270kcal（全量）

ボウルに材料をすべて入れ、よく混ぜる。

Day 360
レタスの
ベトナム風ドレッシングがけ

ひと口大にちぎったレタス4枚（60g）にベトナム風ドレッシング大さじ2をかける。※材料は2人分です。
●グリーンリーフ、ゆでたオクラにも。

長ねぎたっぷり！ピリ辛がクセになります
中華ドレッシング

材料（作りやすい分量）
長ねぎ（みじん切り）…1/4本（15g）　酢…大さじ3　オイスターソース、しょうゆ…各大さじ2　ごま油…大さじ1　砂糖…大さじ1/2　しょうが（すりおろし）…小さじ1　豆板醤…小さじ1/2～1

エネルギー276kcal（全量）

ボウルに材料をすべて入れ、よく混ぜる。

Day 358
キャベツの
中華ドレッシングがけ

千切りにしたキャベツ大2枚（120g）に中華ドレッシング大さじ2をかける。※材料は2人分です。
●長いも、ゆでたかぶにも。

レモン汁であと味さっぱりです
タイ風ドレッシング

材料（作りやすい分量）
スイートチリソース…大さじ4　サラダ油、酢…各大さじ2　レモン汁…大さじ1　ナンプラー…小さじ2

エネルギー372kcal（全量）

ボウルに材料をすべて入れ、よく混ぜる。

Day 361
レタスの
タイ風ドレッシングがけ

ひと口大にちぎったレタス4枚（60g）にタイ風ドレッシング大さじ2をかける。※材料は2人分です。
●ベビーリーフ、大根にも。

マヨネーズを加えて食べやすい辛さに
韓国風ドレッシング

材料（作りやすい分量）
マヨネーズ…大さじ2　酢…小さじ4　みそ…大さじ1　コチュジャン、ごま油、砂糖…各小さじ2　しょうゆ…小さじ1　にんにく（すりおろし）…小さじ1/2

エネルギー331kcal（全量）

ボウルに材料をすべて入れ、よく混ぜる。

Day 359
きゅうりの
韓国風ドレッシングがけ

乱切りにしたきゅうり2本（200g）に韓国風ドレッシング大さじ2をかける。※材料は2人分です。
●トマト、白菜にも。

生クリームのコクとまろやかさが絶品！
カレー風味オニオンドレッシング

材料（作りやすい分量）
玉ねぎ（すりおろす）…1/4個（40g）　生クリーム…大さじ4　カレー粉…小さじ2　塩…小さじ1/3

エネルギー277kcal（全量）

ボウルに材料をすべて入れ、よく混ぜる。

Day 364
きゅうりのカレー風味オニオンドレッシングがけ

乱切りにしたきゅうり2本（200g）にカレー風味オニオンドレッシング大さじ2をかける。※材料は2人分です。
●パプリカ、ゆでたグリーンアスパラガスにも。

β-カロテンたっぷり。やさしい甘さも◎
キャロットドレッシング

材料（作りやすい分量）
にんじん（大まかに切る）…1/2本（100g）　玉ねぎ…1/8個（20g）　オリーブ油、オレンジジュース（果汁100％）…各大さじ2　酢…大さじ1　はちみつ…大さじ1/2　塩…小さじ1/4

エネルギー305kcal（全量）

フードプロセッサーに材料をすべて入れ、なめらかになるまで撹拌する。

Day 362
キャベツのキャロットドレッシングがけ

千切りにしたキャベツ大2枚（120g）にキャロットドレッシング大さじ2をかける。※材料は2人分です。
●ゆでた枝豆、ゆでたカリフラワーにも。

トマトの甘酸っぱさがおいしさにひと役！
焼き肉のたれドレッシング

材料（作りやすい分量）
トマト（すりおろす）…1個（150g）　焼肉のたれ…大さじ4〜5　ごま油、酢…各大さじ2

エネルギー378kcal（全量）

ボウルに材料をすべて入れ、よく混ぜる。

Day 365
レタスの焼き肉のたれドレッシングがけ

ひと口大にちぎったレタス4枚（60g）に焼き肉のたれドレッシング大さじ2をかける。※材料は2人分です。
●水菜、ゆでたもやしにも。

ほんのり甘くて、すがすがしい香りです
ジンジャーハニードレッシング

材料（作りやすい分量）
しょうが（すりおろす）…1かけ　オリーブ油、酢…各大さじ2　はちみつ…大さじ1　塩…小さじ1/2

エネルギー300kcal（全量）

ボウルに材料をすべて入れ、よく混ぜる。

Day 363
トマトのジンジャーハニードレッシングがけ

12等分のくし形に切ったトマト大1個（200g）にジンジャーハニードレッシング大さじ2をかける。※材料は2人分です。
●セロリ、ゆでた里いもにも。

金丸 絵里加 かなまる えりか

料理研究家、管理栄養士、フードコーディネーター。女子栄養大学講師。テレビ、雑誌、書籍を中心に活躍する傍ら、企業のメニュー開発、旅館やレストランのメニューコンサルタントなども行っている。簡単でおいしく、健康にもいい料理に定評がある。著書に『生のまま冷凍 凍ったまま調理 フリージング野菜レシピ』(学研プラス)、『からだの調子を整える おいしい野菜スープ』(ナツメ社)など多数。

STAFF
撮影　田辺エリ
スタイリング　伊藤みき(tricko)
アートディレクション　三木俊一
デザイン　守屋圭(文京図案室)
撮影協力　UTUWA
校正　くすのき舎
取材・文　佐藤友恵
構成・編集　石井香織(シーオーツー)

365日のサラダ

著者　　金丸絵里加
発行者　永岡純一
発行所　株式会社永岡書店
　　　　〒176-8518 東京都練馬区豊玉上1-7-14
　　　　電話03-3992-5155(代表)　03-3992-7191(編集)

DTP・印刷　誠宏印刷
製本　　　ヤマナカ製本

ISBN978-4-522-43451-2 C2077
落丁・乱丁本はお取り替えいたします。
本書の無断複写・複製・転載を禁じます。⑦